Hans Göttler

„… des freien Waldes freies Kind"
Ein Emerenz-Meier-Lesebuch

morsak

Hans Göttler
„... des freien Waldes freies Kind"
Ein Emerenz-Meier-Lesebuch

1. Auflage 2008
ISBN 978-3-86512-032-8

Produktion und Layout: morsakverlag
© by Morsak Verlag GmbH
D-94481 Grafenau
www.morsak.de

morsak
Die Bibliothek des Bayerischen Waldes

Inhalt

Vorwort

Mein langer Weg zu Emerenz Meier

Den Namen „Emerenz Meier" habe ich wohl aus Anlass ihres 100. Geburtstages am 3. Oktober 1974 zum ersten Mal bewusst wahrgenommen. Damals erschien im Verlag Morsak, Grafenau, ein kleines, 176 Seiten umfassendes Bändchen von ihr, herausgegeben von Hans Bleibrunner und Alfred Fuchs, mit dem Titel *„Aus dem Bayerischen Wald"* und dem Untertitel *„Erzählungen – Gedichte"*. Der Buchtitel von 1974 sollte also ganz bewusst an den der ersten Emerenz-Meier-Veröffentlichung aus dem Jahre 1897 anschließen – *„Aus dem bayrischen Wald"* –, in der vier Erzählungen, nämlich *„Aus dem Elend"*, *„Ein lustiges Weib"*, *„Der Brechelbrei"* und *„Die Madlhüttler"* enthalten waren.

Diese vier Geschichten wurden – geringfügig bearbeitet – wiederum in die Neuausgabe von 1974 aufgenommen, dazu kamen elf Gedichte der Bayerwalddichterin (*„Mein Wald – mein Leben"*, *„Der Wasservogel"*, *„Der Säumer"*, *„Väterliche Ermahnung"*, *„Unverbesserlich"*, *„Zwischen Wachen und Schlafen"*, *„Spinnabend"*, *„Widmung"*, *„Wödaschwüln"*, *„Mißgeschick"*, *„An Auguste Unertl"*), die mit weiteren neun Gedichttexten schon einmal 1954 in einer von Max Peinkofer (1891–1963) herausgegebenen und in der „Neue-Presse-Verlags-Gesellschaft Passau" erschienenen Gedichtauswahl publiziert worden waren.

Das Buch von 1974 enthielt, quasi als Vorwort, außerdem ein z. T. gekürztes und aktualisiertes

Lebensbild der Dichterin aus der Feder von Max Peinkofer, das 1954 in der kleinen, eben erwähnten Gedichtsammlung abgedruckt gewesen war, und als Abschluss unter dem Titel *„Begegnung Emerenz Meiers mit Hans Carossa"* Auszüge aus Hans Carossas Lebenserinnerungsbuch *„Das Jahr der schönen Täuschungen"* (1941). In Hans Carossas Originalausgabe sind diese Passagen, in denen der Dichter – mehr als vierzig Jahre danach – seine Begegnung mit Emerenz Meier im Frühjahr 1898 in Oberndorf bei Waldkirchen schildert, in dem Kapitel *„Die Wanderung"* enthalten. Emerenz Meiers Buch von 1974 – mit Zeichnungen des Kunstmalers Josef Fruth aus Fürsteneck versehen – erlebte 1987 eine zweite und 1993 eine dritte, jeweils unveränderte Auflage und stellte über viele Jahre hinweg das einzige Buch der Bayerwalddichterin dar, das im Buchhandel erhältlich war.

Ob ich das Buch damals als junger Münchener Germanistikstudent dann auch gelesen habe, weiß ich heute gar nicht mehr. Ich weiß nur noch, dass es mir der Buchhändler meiner Heimatstadt Simbach am Inn, Anton Pfeiler, mit den Worten „Das musst lesen!" ans Herz gelegt hat. Da meine Bereitschaft, mich mit bayerischer Literatur intensiv zu befassen, damals aber noch nicht allzu stark ausgeprägt war, musste meine Begegnung mit dem Werk Emerenz Meiers noch länger warten. Da kamen zuerst die Werke von Wilhelm Diess, Max Peinkofer und Hans Carossa und wollten von mir entdeckt werden.

In der zweiten Hälfte der 80er-Jahre des 20. Jahrhunderts dann war es aber endlich für mich so weit, meinen langen Weg zu Emerenz Meier bewusster anzutreten. Die Münchener Autorin Anne Rose Katz veröffentlichte im Juli 1987 in der *„Süddeutschen Zeitung"* eine sehr einfühlsam geschriebene Erinnerung an die Heimatdichterin Emerenz Meier. Katz wählte dazu als Überschrift *„Die sanfte Rebellin"*, ein – wie mir schien – recht treffendes Wort, das ursprünglich erstmals von Hans Carossa 1941 in seinem Buch *„Das Jahr der schönen Täuschungen"* geprägt wurde und seitdem immer wieder Anwendung auf die außergewöhnliche Erscheinung der Emerenz Meier gefunden hatte und noch findet.

Der Artikel von Anne Rose Katz hat mich wachgerüttelt, vor allem durch seine geradezu insistierend formulierte Frage, ob es denn in Passau an der neuen Universität keinen Germanisten gäbe, der sich all der unedierten Schriften der Emerenz Meier, die seit 1962 im Tresor der Staatlichen Bibliothek Passau ruhten, annehmen und sie zu einem Buch formen würde. Von dieser Frage fühlte ich mich – seit 1983 als Deutschdidaktiker an der Passauer Universität tätig – so stark angesprochen, dass ich mich schon bald in das Bibliotheksgebäude an der Michaeligasse begab und mit der Sichtung der Papiere, aufbewahrt in mehreren Pappkartons, begann. Mein Interesse an der bayerischen Literatur war inzwischen in ausreichendem Maße vorhanden; und nachdem mir endlich bewusst geworden war, dass Emerenz Meier als niederbayerische Gastwirtstochter aus Schiefweg mit mir als niederbayerischem Gastwirtssohn aus Simbach am Inn herkunftsmäßig eine deutliche Ähnlichkeit aufwies, gab es für mich kein Halten mehr: Ich musste einfach ihr Herausgeber am Ende des 20. Jahrhunderts werden. Frau Katz von der SZ hatte – wie die Lehrerin in der Schule – aufgerufen, ich hatte mich gemeldet, und schon ging's los! Fast etwas zu schnell und überstürzt, wie ich heute – zwanzig Jahre später – mitunter meine.

Schon ein Jahr später durfte ich mich in Sachen „Emerenz Meier" zu Wort melden: meinen Kolleginnen und Kollegen vom „Arbeitskreis Bayerischer Universitäts-Deutschdidaktiker" konnte ich von „meiner" Emerenz Meier Bericht erstatten, und der frühere Schulleiter des damals noch namenlosen Gymnasiums Waldkirchen, Rudolf Bergmann, lud mich zu einem öffentlichen Vortrag an seiner Schule über die Dichterin ein. Dabei bin ich auch schon einmal richtig erschrocken vor der editorischen Aufgabe, der ich mich da verschrieben hatte, als mich nämlich jemand in der Diskussion nach den genauen Verwandtschaftsverhältnissen der Meiers aus Schiefweg befragte und ich da nun wirklich nicht damit dienen konnte. Einen Vorwurf einer bei der Diskussion anwesenden Anti-Alkoholikerin, ich hätte die allseits bekannte Trinkfreudigkeit des alten Josef Meier im Vortrag zu positiv dargestellt, konnte ich dagegen mit dem Hinweis auf meine langjährige Erfahrung als Gastwirtssohn leicht entkräften.

Die Arbeit ging voran, manchmal langsamer, manchmal schneller. Der ungeordnete literarische Nachlass musste durchforstet werden, immer wieder gab es Fragen, Unklarheiten, Missverständnisse, manchmal auch Irrtümer, von denen einige bis zur Drucklegung nicht mehr ausgeräumt werden konnten. Viele Menschen haben mich auf der Suche nach der „ganzen" Emerenz unterstützt, die Dankadresse in der Werkausgabe ist fast zwei Seiten lang. Die tatkräftigste Unterstützung erfuhr ich aber von Frau Diplombibliothekarin a. D. Paula Wachtfeichtl aus Passau und von Frau Elfriede Geiger, meiner Sekretärin; beiden Damen auch heute noch einmal ein ehrliches Vergelt's Gott!

1989 – das Buch selbst war noch lange nicht fertig – machte ich mich schon einmal auf die Suche nach einem geeigneten und mutigen Verlag. Viele Absagen, angereichert mit ermunternden Bemerkungen, das verdienstvolle Projekt nur ja möglichst bald zu verwirklichen, trafen ein. Ein großer Passauer Verlag ließ sich mit der Prüfung des Manuskripts sehr lange Zeit, um sich dann doch bedauernd zurückzuziehen.

„Der Wald ruft" hieß es für mich im Herbst 1989: der bekannte Grafenauer Morsak Verlag rief bei mir an und bekundete das große Interesse, nach dem kleinen Emerenz-Meier-Bändchen von 1974 nun auch die große Ausgabe auf den Markt zu bringen. Und es sollte natürlich alles schnell gehen und möglichst schon vorgestern alles fertig sein! Als hoffnungsvoller Jung-Editor in spe, 37 Jahre alt und schon fast am Ende der eigenen Sturm- und Drangzeit angelangt, sagte ich trotz aller Selbstzweifel und Fragen zu und freue mich auch heute noch über das damalige „Ja-Wort" an den Morsak Verlag. Der leider schon verstorbenen Frau Juliane Stecher, geb. Morsak – der guten Seele des Verlags –, sei ein weiteres Vergelt's Gott meinerseits dankbar gewidmet.

Es eilte! Inzwischen hatte ich nämlich in Erfahrung gebracht, dass der Münchener Regisseur und Filmemacher Jo Baier einen großen Kinofilm über die Dichterin aus Schiefweg plante, der im Herbst des Jahres 1991 in die Filmtheater kommen sollte. Und da wollten Verlag und Herausgeber natürlich auch ihr Werk präsentieren können. Mit ein paar Wochen Verspätung haben wir das auch tatsächlich geschafft!

Am Neujahrstag 1991 habe ich mein Vorwort und damit das Gesamtmanuskript abgeschlossen. Nun waren die Setzer an der Arbeit und danach die Lektorin, Frau Sabine Becker M. A., der ein drittes Vergelt's Gott meinerseits gilt! Der Jo-Baier-Film „Wildfeuer", der in sehr freier Art das Leben der Dichterin bis zur Auswanderung in die USA nachzeichnete, kam Mitte September 1991 in die Kinos. Unser Werk, die zweibändige Emerenz-Meier-Ausgabe ihrer gesammelten Werke, Band 1 mit 560 Seiten und Band 2 mit 455 Seiten, in einer Schmuckkassette verpackt und in einem schönen dunkelbraunen Farbton gehalten – seitdem bei Morsak als „emerenz-braun" bezeichnet –, die Arbeit, die mich doch gut vier Jahre in Atem gehalten hatte, konnte am 15. November 1991 im Bürgerhaus Waldkirchen präsentiert werden, mit vom Verlag gestiftetem, dunklem Bier, wie sich das für eine dichtende bayerische Wirtin und ihren Herausgeber aus derselben Branche gehört hat. Auch Reden, Gesang und Musik haben gut dazugepasst!

Die Werkausgabe ist bei den Kritikern und noch mehr beim Lesepublikum recht gnädig aufgenommen worden, dankenswerterweise! Ein, zwei Kritiker, die besonders genau hingeschaut haben, konnten natürlich rasch erkennen, dass der eine oder andere Fehler, die eine oder andere Ungereimtheit in diesen mehr als tausend Buchseiten noch enthalten waren. Der Herausgeber entschuldigt sich ausdrücklich dafür und bittet um Verzeihung! Wenn ein „Editionslehrbub" eben gleich sein großes „Meisterstück" vorlegen muss, bevor er die „Gesellenprüfung" mit Erfolg abgelegt hat, sind solche Schwächen wohl nie zu vermeiden! „Nix für unguat!"

Auf die weiteren Nachwirkungen der beiden Bände – um nicht zu schreiben „Nachwehen" – werde ich noch zu sprechen kommen. An dieser Stelle möchte ich allen danken, die mit mir den langen Weg zur Emerenz Meier gegangen sind und mitgeholfen haben, diese Werkausgabe von 1991 „auf die Welt zu bringen"! Vergelt's Gott, auch im Namen der Emerenz!

Emerenz Meier, ca. 1898

Emerenz Meier: „...des freien Waldes freies Kind"?

Im freien Wald bin ich groß geworden, auf Bergeshalden, wo der Böhmerwind, der übermütige, sich mit Tannen balgt, wo Hirtenbuben um die Feuer rennen, nicht achtend ihrer weit verstreuten Herde. Das Wild war mir befreundet im Revier, das Eichhorn floh nicht, wenn ich es beschlich, der Geier sah froh kreischend auf mich nieder, der über Wipfeln beutesuchend hing. Ich kannte keine andere Macht als Gott, und die war göttlich, wo sie sich mir zeigte, im Abendrot, mit finsterer Brau umwölkt, im Morgengold, das durch die Nebel glühte, im Sturm, der wütend sauste durch die Forste, im Bach, der tosend lief dem Tale zu. Da warf ich oft mich an die Brust der Erde und schrie und schwor, nie würd ich andere Fesseln dulden von irgendeinem, der aus Fleisch und Blut, der gleich mit mir des Lebens Bürde trägt. Nur keinen Herrn, und mag er sein wie immer, denn gleichen Rechts glaub ich mit ihm zu sein, ob er auch einst viel Tausende beherrscht. Ich bin des freien Waldes freies Kind.

Naturdichterin, Verslschreiberin, Volksschriftstellerin, Dichterweib, Heimatdichterin, geniales Bauerndirndl aus dem Bayerwald, sanfte Rebellin, Ausgeburt des Waldes, die von ihrem Dörfchen aus die Menschen bezauberte, Heimatdichterin ohne Heimat, Bayerwaldikone, Kultfigur, aber auch Flittchen, Schuldenmacherin, verkrachte Gastwirtin, ja sogar: Waldhure ... usw. usf. Das sind einige der gängigen Bezeichnungen, mit denen die Wirts-Senz aus Schiefweg in Vergangenheit und Gegenwart von anderen – Zeitgenossen, Freunden, Kritikern und Interpreten aus ihrer wie aus unserer Zeit – belegt wurde. Sie selbst charakterisierte sich in obigem Text, der sich im Nachlass vorfand, zum Schluss so: *„Ich bin des freien Waldes freies Kind."* War sie das wirklich?

Emerenz Meier wurde am 3.10.1874 als sechste Tochter des Land- und Gastwirts Josef Meier und seiner Frau Emerenz, geb. Raab, in Schiefweg bei Waldkirchen (Unterer Bayerischer Wald) geboren. Sie musste – wie üblich – schon als Kind in Haus und Hof mithelfen, nicht nur der strenge Vater legte darauf Wert, auch die Normen- und Werteordnung der dörflichen Gemeinschaft verlangte dies.

Nach dem Eintritt in die Volksschule bei den Englischen Fräulein in Waldkirchen änderte sich daran nichts. Emerenz Meier, die „Senz" gerufen wurde, war eine sehr gute Schülerin, sie suchte in der ganzen Gemeinde nach Lesestoff und fand ihn in den Werken Homers, Dantes, Goethes, Schillers, Heines, Platens u.v.a.

Unfreiheit, Ungerechtigkeit konnte sie schon als Kind nur schwer ertragen, etwa wenn Kinder aus armen Familien in der klösterlichen Schule schlechter behandelt wurden als die der reichen Leute. Vielleicht bedeuteten Lesen und Schreiben für sie schon in dieser frühen Zeit einen Ausweg, eine Befreiung aus der Enge des Dorfes, jedenfalls verfasste sie kleine Geschichten und Verse, machte auf Bestellung Gelegenheitsgedichte, lernte große Teile der *„Ilias"* und der *„Odyssee"* sowie der *„Göttlichen*

Komödie" auswendig. Eine außergewöhnliche Kindheit in einer sonst illiteraten Umgebung, wobei man auch heute noch nicht genau weiß, wo sie sich diese hochliterarischen Stoffe in Waldkirchen beschaffen konnte. Vor allem dem dominanten Vater war das Dichten der Tochter stets ein Dorn im Auge, seine Verbote fruchteten allerdings wenig.

1891 zog die 17-jährige mit ihrer Familie auf einen Bauernhof im Nachbarort Oberndorf, weil die ältere Schwester Petronilla das Wirtshaus in Schiefweg übernommen hatte. Im dortigen Austragshaus konnte sich Senz einen kleinen Raum zum Studieren und Dichten einrichten. Als nach den ersten Veröffentlichungen in Zeitungen kleine Honorare für die junge Dichterin eintrafen, reagierte der ökonomisch denkende Vater prompt und änderte seine Einstellung gegenüber der Schreiberei seiner Tochter: *„Schreib, Senzl, schreib!"*, hieß jetzt die Parole!

Und die gehorsame Tochter schrieb! Die Beamtensgattin Auguste Unertl, die in Waldkirchen eine Art literarischen Salon führte, nahm Emerenz Meier unter ihre freundschaftlichen Fittiche. Die Freundin regte Emerenz zu weiterem Schaffen an, mehrere Veröffentlichungen in Zeitungen, Zeitschriften und Kalendern folgten. Die große, andere Welt, die literarische vor allem, nahm die junge Bayerwalddichterin nachdrücklich und sehr zustimmend wahr, hob ihre Einfachheit, ihre Bodenständigkeit und Natürlichkeit hervor!

Die junge Bäuerin, die schreiben und deklamieren konnte, wurde eine touristische Attraktion für den

Wald, ihr Bild – samt Geburtshaus – prangte auf einer photographischen Ansichtskarte, viele gebildete Großstädter aus Adel und Bürgertum reisten in den Bayerwald, auch um Emerenz zu sehen und zu hören und mehr über sie und ihre dichterische Produktion zu erfahren.

Ein Literaturprofessor aus Pressburg schließlich stellte im Herbst 1896 vier Erzählungen der jungen Dichterin zu einem kleinen Band mit dem Titel *„Aus dem bayrischen Wald"* (1897) zusammen. Der Titel sollte das einzige Buch zu ihren Lebzeiten bleiben. Das Buch wurde von den Kritikern – u. a. Peter Rosegger und Michael Georg Conrad – in den höchsten Tönen gelobt, doch kaum gekauft, vor allem nicht im Wald! Die Landsleute achteten ihr Schreiben wenig, schimpften vielmehr darüber, ihre ganze Schreibkunst bestehe nur darin, aus anderen Quellen „abzuschreiben". Emerenz Meier dichtete aber unverdrossen weiter, jetzt auch für überregionale Blätter, Zeitschriften und Kalender, z. B. *„Fliegende Blätter"* und *„Das Bayerland"*.

Seit dem Erscheinen ihres Buches 1897 zählte auch der Medizinstudent Hans Carossa aus Seestetten an der Donau zu ihren begeisterten Lesern. Er hatte den schmalen Band in der väterlichen Arztpraxis entdeckt und nahm im Frühjahr 1898 allen Mut zusammen, die berühmte Dichterin in Oberndorf aufzusuchen. Das war der Anfang einer lebenslangen, freundschaftlichen Beziehung mit Höhen und Tiefen; Carossa selbst setzte ihr später ein literarisches Denkmal in seinem Lebenserinnerungsbuch *„Das Jahr der schönen Täuschungen"* (1941).

Eigentlich hoffte Carossa, durch die Begegnung mit dem „*Dichterweib*" für sich selbst Gewissheit im Hinblick auf die eigene dichterische Laufbahn zu gewinnen, er traf aber eine junge Frau an, die unglücklich wirkte, den Zwängen der Bauernarbeit ausgesetzt war, von der wachsenden Zahl der Besucher belästigt wurde, selbst innerlich wenig gefestigt war und „*eine wundersame Verlassenheit*" ausstrahlte. Der Dichter fand im Rückblick nach vier Jahrzehnten dafür das Bild von der „*Doppelnatur*" der Emerenz, zwischen fraulich sanftem und verträumtem Aussehen und Hingerissenheit von allem unbändig Aufrührerischen. Er dürfte damit ihren Zustand ziemlich genau diagnostiziert haben, wenn man auch mitberücksichtigen muss, dass zwischen der Diagnose und ihrer Niederschrift mehr als vierzig Jahre Zeit vergangen waren und der Medizinstudent von 1898 inzwischen ein arrivierter und bedeutender Arztdichter geworden war, der sich weniger von biographischen denn von dichterischen Intentionen leiten ließ.

Dieser unausgeglichene innere Zustand der Emerenz kam in den folgenden Jahren immer wieder zum Vorschein: Bei einem Besuch (Herbst 1899) am Königlichen Hof zu München, der ihr ein Stipendium einbringen sollte, aber ohne Erfolg vorüberging, hatte sie „*allezeit Umbringungsgelüste*" im Hinblick auf „*manche erbärmliche, dumme Seele*" und freute sich, wenn sie ihren „*Peinigern*" doch hie und da entkommen konnte. Ein Jahr später brach sie einen längeren Bildungsaufenthalt bei einer Seminarlehrersfamilie in Würzburg ab, weil sie dort tagtäglich zum Dichten gezwungen wurde. Vielleicht aber auch deswegen, weil sie sich für keinen der eintreffenden Heiratsanträge entscheiden konnte; sie hatte die Wahl zwischen einem armen Schullehrer und einem reichen Gastwirt, nahm jedoch keinen der beiden zum Ehemann, sondern kehrte nach Niederbayern zurück.

In dem früheren Schifferwirtshaus *„Zum Koppenjäger"* in Passau, das Emerenz Meier 1902/03 in eine Künstlerkneipe umwandeln wollte, eckte sie bald bei einkehrenden Offizieren an, denen sie Müßiggang vorgeworfen hatte, was zum Misserfolg und zum Scheitern des Projekts *„Künstlerkneipe Zum Koppenjäger"* beitrug.

Dichterische Erfolge, wie z. B. die Passauer Aufführungen dramatisierter, allerdings vom Theaterintendanten stammenden Fassungen ihrer Erzählungen *„Aus dem Elend"* (1900) und *„Der G'schlößlbauer"* (1902) sowie weitere Veröffentlichungen in größeren Blättern (*Die Müllermagd*, 1900, *Der Scheib'nhofbauer*, 1901) und ihre Freundschafts- und wohl auch Liebesbeziehung zum Straßkirchener Guts- und Brauereibesitzer Karl Hellmannsberger, der sie auch wirtschaftlich unterstützte, also durchaus glückliche Erfahrungen im zwischenmenschlichen Bereich und die positiven Rückmeldungen ihres Publikums waren nicht stark genug, die von ihr selbst später eingestandenen *„Charakterfehler, die Unstetheit meiner Stimmungen und eine große Zaghaftigkeit"*, zu überwinden. Wohl aus den gleichen Gründen lehnte sie 1904 eine Redakteursstelle bei der katholischen Wochenzeitschrift

„*Deutscher Hausschatz*" in Regensburg ab. Während hierbei wohl der Drang der Dichterin nach Freiheit und Ungebundenheit leitend war, zeigte sich ein Jahr später wieder ihre Zaghaftigkeit, ihr mangelndes Selbstbewusstsein: Das negative Urteil Carossas über eines ihrer Manuskripte führte wohl dazu, dieses gänzlich zu vernichten. Und auch der Entschluss, mit der Mutter 1906 den schon vorher nach Amerika ausgewanderten Familienmitgliedern zu folgen und damit auf die schriftstellerische Karriere in der Heimat zu verzichten, vertrug sich nur schlecht mit dem eingangs zitierten Freiheitsdrang eines Waldlermädchens, ebenso wenig wie ihre Heiratspläne einige Jahre vor der Auswanderung mit einem Kaufmann aus dem Bayerischen Wald.

Vielleicht kann man ihre Reise „ins Amerika", ohne Rückkehr, aber auch als Flucht in eine für sie unbekannte Welt auffassen, wo sie selbst auch fremd und unbekannt bleiben konnte, ohne dichterisch tätig werden zu müssen, also eine Art Untertauchen, nachdem der ganz große Erfolg in der Heimat – der Bucherstling von 1897 war schließlich fast zehn Jahre alt – ausgeblieben war?

Ab Frühjahr 1906 lebte Emerenz Meier mit ihrer Verwandtschaft in Chicago; „*the land of the free*" brachte aber schon bald neue Unfreiheiten. Zwar wurde das Leben für die Fabrikarbeiterin Emerenz Meier in den ersten Jahren des Aufenthaltes wirtschaftlich sehr viel besser, so dass sie es sogar zu einem eigenen Haus mit sieben Mietsparteien brachte. Die Ehe mit dem Auswanderer Franz Schmöller, der wie sie aus dem Bayerischen Wald stammte, geriet aber zum Leben in der Unterdrückung und der Unfreiheit. Der Mann trank und schlug seine Frau. 1910 starb er an der Schwindsucht, der gemeinsame, von Emerenz sehr geliebte Sohn Joseph Frank Schmöller war gerade zwei Jahre alt. In zweiter Ehe heiratete Emerenz Meier den Nordschweden John Lindgren, der Frau und Stiefsohn liebte, treu umsorgte und ihnen glückliche Jahre bescherte. Aber er war strikt dagegen, dass Emma Lindgren, wie die Auswanderin nun hieß, dichtete: *„Er wollte mich zu sehr und stetig für sich haben, ja er wurde ganz wild, wenn er mich schreiben sah"*, bemerkte Emerenz später in einem Brief an die Freundin Gusti Unertl.

Des freien Waldes freies Kind gehorchte mehr oder weniger, ungefähr so, wie zu Beginn seiner schriftstellerischen Laufbahn, zu Hause in Schiefweg.

Erst im Dezember 1919 nahm Emerenz Meier den jahrelang unterbrochenen Briefwechsel mit der Waldkirchener Freundin Gusti Unertl wieder auf, warum erst so spät, wird wohl auch ein Rätsel bleiben. Die gute Zeit, das angenehme Leben in *„God's country"* waren für Emerenz inzwischen längst vorbei, das eigene Haus in Chicago, das sie vor dem Krieg besessen hatte, war verloren, laut Emerenz eine Folge der *„zaristischen"* Regierung des Präsidenten Woodrow Wilson und des von ihm vollzogenen Eintritts in den Weltkrieg im April 1917, wodurch Ruin, Hunger und Elend in den USA Einzug gehalten hätten. Allerdings erwähnte sie im selben Brief, dass die übrige Verwandtschaft in der kapitalistischen Gesellschaft weiterhin sehr gut leben konnte.

In der über 50 Briefe und Karten umfassenden

Korrespondenz mit Gusti Unertl (1919-1928) – die Gegenbriefe sind leider nicht erhalten – schrieb sich Emerenz ihre glücklichen und traurigen Erfahrungen von der Seele, solche, die sie noch in der Heimat gemacht hatte, und solche in ihrer neuen Heimat USA. Sie schrieb vom amerikanischen Mittelalter des Jahres 1919, von der Prohibition, der sie – wie viele andere – durch häusliches Bierbrauen auswich, von der Verfolgung alles Deutschen in den USA seit dem Krieg, sie schilderte ihre Hoffnungen auf Russland und Deutschland nach den Revolutionen, sie fragte nach dem Befinden vieler ehemaliger Bekannter und Freunde, lud Gusti und ihren Mann wiederholt ein, nach Amerika auszuwandern, schickte Geld und Geschenke für arme Leute im Wald, suchte Gusti immer wieder durch leidenschaftliche Appelle von ihrer marxistisch-kommunistischen Einstellung zu überzeugen, was dieser aber gar nicht behagte, und musste schließlich in den letzten Jahren pessimistisch-bedrückt von Krankheiten, Rückschlägen und Einschränkungen berichten.

In ihrem letzten Brief an Gusti vom 8.10.1927 aber, inzwischen zum 2. Mal Witwe und nur wenige Monate vor ihrem Tod, war sie dagegen recht optimistisch und zuversichtlich. Sie wollte wieder als Schriftstellerin hervortreten. Gusti sollte ihre Texte in Deutschland verbreiten. Der Tod Emerenz Meiers am 28. Februar 1928 verhinderte die Verwirklichung aller Zukunftspläne. Ihre Asche wurde über dem Grab der Eltern in Chicago ausgestreut.

Sucht man die Selbststilisierung Emerenz Meiers als *„des freien Waldes freies Kind"* auf ihr Werk anzuwenden, ergibt sich wie in der Biographie ein ähnlich zwiespältiges Bild! Für ihre Lyrik gilt, was Florian Jung (*Emerenz Meiers Lyrik in ihrer Zeit.* 2001) vor einigen Jahren nachgewiesen hat, als er ihre Position zwischen Heimatkunstbewegung, Naturalismus und Neuromantik einstufte. Dabei wechseln Epigonales und Eigenständiges einander ab, Pathos steht neben echten, einfachen Tönen, idyllisierende Verklärung neben realistisch-kritischer Darstellung.

Besonders gelungen erscheint ihre Poesie, wenn sie sich der heimischen Mundart bedient. Texte wie *„Wödaschwüln"*, *„Liebessehnsucht"*, *„D' Neb'nsach'"* oder *„Dem Schwirzer sei' Dirndl"* gehören zu ihren besten lyrischen Produktionen. Mit ihnen wurde Emerenz Meier zur wegweisenden Vorläuferin der zeitgenössischen bairischen Mundartlyrik etwa eines Harald Grill, Bernhard Setzwein, Karl Krieg und Josef Berlinger. (Christopher J. Wickham in: *Bairisch in Bayern, Österreich, Tschechien, hrsg. von Alfred Wildfeuer und Ludwig Zehetner, 2002.*)

Überzeugend und eigenständig ist ihre dichterische Botschaft auch in gesellschaftskritischen Gedichten (z. B. *„Wenn sich ein Weib aus der Herde hebt"*, *„Stoßseufzer"*) und politischer Lyrik, wenn sie sich der Mittel Ironie, Witz und Komik bedient, diese gekonnt-distanziert einsetzt und einen freien, frischen Ton erzielt.

Im Bereich der Epik, wo eine größere, zusammenhängende Untersuchung noch aussteht, fallen ähnliche Divergenzen wie bei der Lyrik auf. Am Ende ihres Lebens urteilte sie selbst sehr harsch über ihre dichterischen Anfänge: *„Die alten Jugendgeschichten,* *noch so kindisch religiös gehalten, sind ja keinen Schuß Pulver wert, ich schäme mich ihrer.*" Die Dichterin dachte dabei vermutlich an Erzählungen wie *„Die Müllermagd"* oder *„Maiandacht"* und vergaß darüber, mit welch anderen starken Texten sie auch noch begonnen hatte, etwa mit *„Der Juhschroa"* – auch unter dem Titel *„Ein lustiges Weib"* veröffentlicht. In diesem Meisterwerk schilderte sie knapp und pointiert, ohne Rührseligkeit, die packende Lebensgeschichte einer gesellschaftlichen Außenseiterin in einem Waldlerdorf am Ende des 19. Jahrhunderts. Zu solchen überzeugenden kritischen Heimatgeschichten gehören auch Texte wie *„Der Bua"* oder *„Der Lumpenvater"*, die ohne Sentimentalität und Trivialität auskommen und damit den hohen Rang der Autorin aufzeigen und belegen, dass sie zur literarischen Verwandtschaft einer Lena Christ oder eines Ludwig Thoma gehört.

Ein abgerundetes Bild von der Dichterin Emerenz Meier entsteht aber erst, wenn man ihre zahlreichen Briefe mit in die Betrachtung einbezieht. Die erst vor kurzem aufgetauchten Briefe der Emerenz Meier, die sie als 20-jährige an den aus Waldkirchen stammenden Münchener Medizinstudenten Ludwig Liebl 1893 bis 1895 richtete, weisen neue Facetten der jungen Dichterin auf, von denen man bisher kaum eine Ahnung hatte. Im gesamten Briefwerk schreibt sie, meist selbstbewusst und resolut, ihre Meinung über Gott und die Welt nieder, nicht immer zur Freude der Briefadressaten, aber stets ehrlich und schonungslos gegenüber sich und anderen, dabei oft äußerst modern und emanzipiert. In ihren

Briefen ist sie dem selbst gestellten Anspruch vom freien Waldlerkind wohl am nächsten gekommen.

Alle Fragen über sie sind aber auch mit Hilfe dieser Quellen nicht zu lösen, es bleiben viele Rätsel, vor allem über ihre Zeit in Amerika 1906–1928. Aber vielleicht ist gerade diese Rätselhaftigkeit so interessant an Person und Werk der Emerenz Meier aus Schiefweg im Bayerischen Wald. Sie lässt sich nicht endgültig ergründen in ihrer Vielschichtigkeit als Person und als Schriftstellerin. Auch 80 Jahre nach ihrem Tod im fernen Chicago ist sie immer noch für so manche Überraschung und Neuentdeckung gut!

Kindheit in Schiefweg und Jugend in Oberndorf

Der 3. Oktober 1874, der Geburtstag der Emerenz Meier, war ein Samstag. Von Kindern, die an diesem Wochentag geboren werden, weiß der Volksmund zu berichten: „Das Samstagskind kommt immer schwer zur Blüte!" Ob das für die Emerenz auch galt?

Jedenfalls erblickte sie an diesem Tag das Licht der Welt, zu Hause, wie damals üblich, im elterlichen Wirtshaus in Schiefweg bei Waldkirchen im Unteren Bayerischen Wald. Die Mutter der Emerenz trug denselben Vornamen und war eine geborene Raab, bei der Geburt ihrer Tochter, des fünften Kindes, bereits 39 Jahre alt. Sie stammte aus dem „Raabenhof" im benachbarten Richardsreut. Der Vater Josef Meier, Gast- und Landwirt, kam vom „Hirschlehenhof" in Manzenberg bei Büchlberg und war 37 Jahre alt. Josef und Emerenz Meier, geb. Raab, hatten das Anwesen in Schiefweg im Frühjahr 1866 für 6800 Gulden erworben.

Das Anwesen war – wie Paul Praxl erforscht hat – der sogenannte „Restkomplex" des schon „zertrümmerten" Fuchsenhofes und trug die Hausnummer Schiefweg Nr. 10; Schiefweg gehörte damals zur Gemeinde Stadl im Bezirksamt Wolfstein. Heute heißt die Adresse „Schiefweg, Dorfplatz 9, 94065 Waldkirchen, Landkreis Freyung-Grafenau" und das mustergültig vom Emerenz-Meier-Hausverein renovierte Haus beherbergt seit 2000 das „Landgasthaus Emerenz Meier". Als die Meiers das Anwesen 1866 käuflich erwarben, umfasste es nur noch ca. zwölf Tagwerk – ca. 4 ha – Grund, besaß aber immer noch eine sog. reale Wirtsgerechtigkeit, was bedeutete, dass Bier ausgeschenkt und verkauft werden durfte.

Max Peinkofer schilderte 1954 den Vater der Emerenz in einer biographischen Darstellung der Tochter als aufrechten, kernigen und trinkfesten Mann, der als Vieh- und Güterhändler oft und viel unterwegs gewesen sei, die Mutter kennzeichnete er als stille, eher versonnene Natur, Einschätzungen, die sich schon bei Hans Carossa 1941 finden lassen, der sie 1898 zum ersten Mal kennen gelernt hatte. Bei Paul Praxl erscheint Josef Meier als *„ein unruhiger Geist in einer unruhigen Zeit, stets Ausschau haltend nach einem ‚Geschäft‘“*, die Mutter schildert er als gefühlvoll und arbeitsam. Die Dichterin vereinigte wohl alle diese elterlichen Charaktereigenschaften in ihrer Person, das Unruhige, auch etwas Aufrührerische des Vaters wie die stille Versonnenheit und Gefühlswärme der Mutter.

Aus der Kindheit der Emerenz weiß man einiges zu berichten, obwohl ein autobiographischer Lebensrückblick von ihr fehlt. Emerenz, von klein auf „Senz“ gerufen, lebte bis zu ihrem 17. Lebensjahr im viel besuchten elterlichen Wirtshaus. Sie musste frühzeitig in der Gaststube und in Haus und Hof mitarbeiten, beobachtete die Gäste genau und wuchs zu einem sehr begabten und lebhaften Mädchen heran.

Eine frühe Fotografie zeigt sie als neunjährige zusammen mit ihrer Mutter, beide sehr ruhig, still und in sich gekehrt dargestellt.

Im Gasthaus ging es sehr viel lebhafter zu. Bei den damals noch üblichen größeren Raufereien im

Wirtshaus suchte Emerenz nicht etwa verschreckt das Weite, sondern verblieb mutig, wie Hans Carossa es beschrieb, mitten im wilden Schlachtgetümmel und versorgte die leidenschaftlichen Kampfgenossen, die u. a. mit Bierkrügen aufeinander einschlugen, immer wieder mit neuer Munition, indem sie ihnen flink und behende unversehrte Trinkgefäße zusteckte.

Eine gewisse geschwisterliche Rivalität bestand zur sieben Jahre älteren Schwester Petronilla, die ebenfalls sehr gescheit und energisch war. Petronilla dominierte als Älteste die jüngeren Geschwister Josef, Emerenz, Maria und Anna und war selbst eine leidenschaftliche Leserin und Schreiberin. Schon bald, spätestens seit dem Schuleintritt der Emerenz bei den Englischen Fräulein in Waldkirchen 1881, wurde Petronilla aber von der jüngeren Schwester übertroffen.

Der weite und vor allem im Winter und bei schlechter Witterung sehr beschwerliche Fußweg von Schiefweg in die Volksschule nach Waldkirchen vermochte Emerenz nicht zu schrecken. Mit zehn Jahren bereits las sie Texte von Goethe, Schiller, Heine, Platen und anderen Dichtern. Sie verschlang zahllose Romane, gute und weniger gute. Die kindliche Vielleserin suchte sich den umfangreichen Lesestoff in der ganzen Gemeinde zusammen. Große Teile der Dichtungen lernte sie auswendig, z. B. Stücke aus den Homerischen Epen „*Ilias*" und „*Odyssee*" sowie aus Dantes „*Göttlicher Komödie*". Die gute und fleißige Schülerin befasste sich außerdem sehr gerne mit heimischen Sagen und Sternkunde. Noch in ihrer amerikanischen Zeit machte sie sich aus der Erinnerung und mit brieflicher Unterstützung durch die Freundin Gusti Unertl aus Waldkirchen Notizen zu diesen Themen.

In ihrer Volksschulzeit und auch in den Jahren danach begann Emerenz mit dem dichterischen Schreiben. Sie verfasste insgeheim kleine Geschichten und Verse und schrieb außerdem Gelegenheitsgedichte auf Bestellung.

Von diesen allerersten Texten ist allerdings nichts erhalten geblieben. Die Meier-Eltern waren über die Schreibkunst ihrer Tochter ohnehin alles andere als erfreut und rügten – vor allem der Vater – scharf die *„narrische Verslmacherei"* der Senz. Sie wollten eben keine Tochter haben, die über den einfachen Stand, in den sie hineingeboren war, hinauswachsen konnte. Die Verbote der Eltern fruchteten bei der mehr und mehr selbstbewussten und eigenständigen Tochter aber nichts. Emerenz schrieb einfach weiter und machte die Situation der jungen, weiblichen Dichterin in einer illiteraten, dörflichen Gesellschaft zu einem Thema ihres Schreibens, etwa in dem Gedicht *„Unverbesserlich"*:

Unverbesserlich

Der Vater verbot mir das Dichten,
Das Mütterchen stimmte mit ein:
Ich soll nach dem Stande mich richten,
Die Bücher dem Backofen weih'n.

Wohl hab' ich es heilig versprochen,
Zu tun, was ihr Wille gebeut,

Das Wort hundertmal doch gebrochen,
Das Schwören noch öfters bereut.

Doch gestern, zu Tränen gerühret,
Erneut' ich es nochmals bei Gott,
Durch Bitten und Drohen verführet
Und weiter durch peinlichen Spott.

Ich ging in die dunkelste Kammer,
Hielt über die Verse Gericht,
Verfaßte dann in meinem Jammer
Verstohlen dies Klagegedicht.

Familie Meier, Oberndorf b. Waldkirchen,
ca. 1900-1904

Emerenz wird Heimatdichterin

Im Jahre 1890 übernahm die älteste Schwester Petronilla mit ihrem Bräutigam und späteren Ehemann Georg Maier das elterliche Anwesen in Schiefweg. Der Vater Josef Meier erwarb nun 1891 einen Bauernhof im benachbarten Oberndorf (Gemeinde Stadl, Bezirksamt Wolfstein), zu dem 52 Tagwerk – also ca. 17 ha – Grund und zehn Stück Großvieh gehörten. Die harte bäuerliche Arbeit wurde mehr, die karg bemessene Freizeit der Emerenz war dem Lesen, Schreiben und Studieren vorbehalten. Jetzt allerdings konnte dies in einem eigenen kleinen Dichterstüberl geschehen, einem Raum, der der Senz im Austragshaus des Hofes überlassen worden war, ein Zuflucht- und Rückzugsort, den sie sehr schätzte.

In diesem Dichterstüberl entstanden die ersten größeren Texte, die auch veröffentlicht wurden. Hier begann sie, die später eine leidenschaftliche Briefeschreiberin werden sollte, mit ihrer umfangreichen Korrespondenz. Das eigene Dichterstüberl symbolisierte dabei fast so etwas wie den gesellschaftlichen Aufstieg der Emerenz, hier begann „*des freien Waldes freies Kind*" die Laufbahn als allgemein anerkannte Heimatdichterin. Die Oberndorfer Jahre 1891–1902 waren wohl überhaupt die beste Zeitspanne der jungen, hoffnungsvollen Waldlerin, die Zeit also zwischen ihrem 17. und ihrem 28. Lebensjahr.

1893 lernte sie in Waldkirchen die damals 29-jährige Auguste Unertl (1864–1941), geb. Schoder, kennen. Gusti – wie sie genannt wurde – stammte aus Mering bei Augsburg, war die Tochter eines wohlhabenden Fabrikanten, gebildet und selbst schriftstellerisch tätig. Vor ihrer Heirat mit dem Waldkirchener Magistratsbeamten Georg Unertl (1860–1938) war Auguste einige Zeit mit dem Schweden Anders Zorn (1860–1920) verlobt gewesen, der damals noch Kunststudent war und später ein berühmter Maler, Radierer und Bildhauer wurde.

Gusti, deren Ehe kinderlos blieb, gehörte mit ihrem Mann zur besseren Gesellschaft Waldkirchens, war wohltätig und gesellig und führte in ihrer Wohnung in Waldkirchen eine Art literarischen Salon, zu dem auch die junge Emerenz Meier Zugang hatte. Der Altersunterschied zwischen den beiden betrug bloß zehn Jahre, so dass man die Beziehung wohl eher als die Freundschaft zwischen zwei jungen Frauen – mit allen ihren Höhen und Tiefen – bezeichnen muss und weniger von einem Mutter-Tochter-Verhältnis sprechen sollte, wie das Max Peinkofer noch meinte. Aus den Briefen der Emerenz, vor allem an Carossa, ergibt sich, dass sich die Beziehung der beiden nicht immer spannungs- und reibungsfrei gestaltete. Gusti nahm sich, vor allem in den Oberndorfer Jahren, der Emerenz, ihrer jungen Freundin, fürsorglich an, so dass ihre Wohnung in Waldkirchen für die Senz zur zweiten Heimat wurde. Da Gusti über gute Beziehungen verfügte, konnte sie der immer bekannter und berühmter werdenden Heimatdichterin auch so manche Kontakte zu Zeitungen, Zeitschriften und Kalendern vermitteln.

Die erste Erzählung der Emerenz, die sich als Veröffentlichung nachweisen lässt, trägt den Titel

„'s Hasenpassen" und ist eine lustige Bauern- und Jagdgeschichte, die schon einiges vom Erzähltalent der Dichterin aufweist. Die Arbeit der noch nicht ganz 19-jährigen Jungautorin wurde in drei Teilen abgedruckt im „Sonntagsblatt", der „Wochenbeilage zur ,Donau-Zeitung'" im Mai/Juni 1893 (Nr. 34/20.05.1893; Nr. 35/28.05.1893; Nr. 36/04.06.1893).

Paul Praxl hat den Nachweis gebracht, dass die bekannte Emerenz-Erzählung „Der Juhschroa", die bisher immer als das große Erstlingswerk der Schriftstellerin galt, erst 1897 im Buch der Emerenz im Druck erschienen ist. Die Humoreske „Kletzen", die kurzzeitig auch als die erste Veröffentlichung der Emerenz vermutet wurde, erschien erst im November 1893, wiederum im „Sonntagsblatt", der Wochenbeilage der Passauer „Donau-Zeitung".

Emerenz Meier
's Hasenpassen

Irgendwo im bayerischen Wald, Namen will die Erzählerin unterlassen, damit sich keine von den Personen, von welchen die kleine Geschichte handelt und die sich noch des schönen Lebens freuen, etwa beleidigt finden möge, also irgendwo liegt ein nicht allzu großer Bauernhof, in einer Umgebung, wo sich Fuchs und Hase ungestört gute Nacht sagen können. Ungestört – denn der biedere Michlsepp, der Besitzer des Hofes, ist trotz seines Junggesellentums bisher noch nie auf den schlimmen Einfall gekommen, das freilich sagenhafte Abendkompliment der sich seit urdenklichen Zeiten her gegenseitig

anfeindenden beiden Feld- und Waldbewohner zu un-
terbrechen, bisher, ja, aber jetzt beginnt die Geschichte.

Seit Lichtmeß befand sich auf dem Michlhof ein
neuer Knecht, ein dortselbst unerhörtes Ereignis; denn
seit zwanzig Jahren hatte daselbst noch kein Personen-
wechsel stattgefunden, und Nanni, die Magd, die sich
ungeachtet ihrer Vierzig noch zu den jungen Dirnen
rechnete, gedachte noch zehn Jahre in ihrem jetzigen
Stand zu verharren, ehe sie ihn mit dem der heiligen
Ehe vertauschen wollte. So lange ungefähr mußte
Hans, der vormalige Knecht noch Bäume fällen, ehe
er den verschuldeten Angelbauer drüben im nächsten
Dorfe fragen durfte: „He, Freunderl, was kost' denn
dei Haus?" Hans kalkulierte, das Holzfällen möchte
ihn eher an das Ziel seiner Wünsche bringen, als die 70
Gulden Jahrlohn, die der Dienst bei dem Michlbauern
eintrug, und so schloß er unverzüglich einen Vertrag
mit einem Holzhändler ab und sagte seinem bisheri-
gen Dienstherrn Valet. Nun, Ersatz hatte dieser bald
gefunden und zwar einen, wie er ihn sich nicht anders
wünschen konnte. „Nöt übrigs g'schlinging (flink), aber
fleißig und hell auf der Blatt'n." So charakterisierte
Michlsepp seinen neuen Knecht ziemlich richtig. Zum
Unterschied von seinem Vorgänger hieß er Hansl. —
Hansl konnte wirklich aus seinen wasserblauen Augen
recht pfiffig in die Welt schauen, besaß aber nebst an-
deren Vorzügen ein äußerst gutmütiges Herz; und da
er dem „Annamirl" täglich das Holz in die Küche trug,
die Erdäpfel ans Feuer setzte und sonst allerlei ähnliche
Hilfeleistungen verrichtete, hatte er bei dieser sogleich
einen Stein im Brett. Das war aber nichts Unbedeuten-
des, denn Annamirl, die Schwester des Michlbauern,

war die eigentliche Seele des ganzen Hauswesens, das
sie leitete, seit der Bruder das elterliche Anwesen übernommen hatte, was nun schon ein Viertel-Jahrhundert
her sein mochte. Und streng genommen, war nicht er,
der gutmütige, schwerfällige Sepp Herr, sondern sie,
und Nanni und Hans fragen auch nur sie, was an der
Tagesordnung war. Hansl wollte zwar dieses anfangs
ordnungswidrig finden, und sagte dem Bauern seine
Meinung oft unverblümt ins Gesicht – verblümt konnte er eben nicht reden, das war wider sein Naturell.
– „Wenns drauf ankommt, bin i dennerst (doch) Herr
im Haus," pflegte dann Michlsepp aufzufahren, „denn
i bin der Michlbauer, verstanden!"

„Du, Nanni," sagte Annamirl eines Abends zur
Magd, „i muaß Dir's grad sag'n, mir gfallt der Hansl
auf oanmal nimmer recht, mir kimmt er mannigsmal
so verdächti für." „Was nöt gar, Annamirl, geh weiter,
er is a so a braver Bua und stammt vo richtige Leut'
her. – Aber was siagst denn am Hans Verdächtig's?!" –
„Ja woaßt, seit a zwee Tag'n hat er nix als Hoamlökeit'n
mit'n Sepp. Da wispern's und tuschl'n und steck'n
d'Köpf 'zam und wenn i unversehn's dazua kimm,
fahrn's auseinand, als ob's Gott woaß was ausg'macht
hätt'n. Dös scheint mir nöt recht richtö, da steckt eps
dahinter, was i auskrebs'n muaß. Aber, Nanni, i sag'
Dir's, stad bei der Sach', – Du verstehst mi scho. Geh
nacher glei zu der Supp'n, und schrei'm Knecht."

Bald war alles in der Stube versammelt und nach
gesprochenem Gebete wurde die übervolle Kartoffel-
schüssel in Angriff genommen. Aber unheimlich still
wars heute, während jedes beschäftigt war, die heißen
Knollen von der Montur zu befreien, bei welcher

Arbeit sonst ein lebhafter Gedankenaustausch statt-
zufinden pflegte; es lag wie Gewitterschwüle über den
Hausgenossen. Als die Suppe nachfolgte, schnitt Hansl
mit nervöser Hast das Brot hinein und der Michlsepp
drehte jeden Brocken dreimal im Munde herum, während Annamirl mit jedem Löffel voll ihren heimlichen
Ärger hinunterwürgen zu wollen schien, denn sie hatte
die verständnisvollen Blicke bemerkt, die Bruder und
Knecht sich wiederholt zugeworfen hatten. Nanni hin-
gegen sah und aß mit Bedacht und harrte in aller Ge-
mütsruhe der Dinge, die da kommen sollten, denn, daß
sich etwas ereignen würde, stand fest; alle Anzeichen
wiesen darauf hin. – Nach der Abendsuppe begab sie
sich, wie gewöhnlich in ihre Kammer, Annamirl in die
Küche, um das Geschirr zu waschen und das Nötige für
den kommenden Morgen in Bereitschaft zu stellen, somit waren Michlsepp und Hansl allein. „Hast Du alles
herg'richt Bua," wisperte Ersterer, sich ängstlich umse-
hend. „Fehlt nix, Bauer," gab der Andre zurück. „I hab
die zwoa großen Schäffer (Zuber) mit Hau außig'stellt
und Krauthäupl daneb'n. D' Büchs'n krieg i nacher
scho. Du hast nur aufz'pass'n wan i klopf' an's Fenster."
Der Bauer kratzte sich zagend hinter den Ohren. „Ja,
ja, – aber wenn s' Annamirl nur nix vernimmt, – sie
hat ihr Lebtag nöt gern vom Has'npass'n hör'n mögen
–" „Hä hä, da sigt man's wieder, wer Herr im Haus
is," höhnte Hansl, „i glaub' Du fürcht'st sie –" „Was?
I? fürcht'n" brach Sepp los, der solche Anzüglichkeiten
durchaus nicht vertragen konnte, – „na, das seh' mir
glei – i paß' auf's Annamirl gar nöt auf, verstand'n!"
Zur Bekräftigung seiner Versicherung schlug er grimmig mit der Faust auf den blanken Ahorntisch, duckte

38

sich aber im nächsten Augenblick ängstlich zusammen, denn ein kurzer Streifblick hatte den Kopf Annamirls in der halboffenen Küchentüre bemerkt.

„Was – was gibt's denn? was haust denn so pummerisch auf'n Tisch ein? Moana möchte man scho, Du bist auf oanmal pelzö (zornig), z'wegn'n nix und wieder nix." „I? Pelzö," frug Sepp mit harmlosem Gesichtsausdruck, „Der Holznagel da is a bissel fürg'stand'n, und da hab' i'n nei'g'schlagn." Mit unverständlichem Brummen zog Annamirl den Kopf zurück. Hansl riß schnell die alte Muskete, welche schon seit Großvaters Zeiten an dem Querbalken der schwarzglänzenden Stubendecke hing, herab und verließ die Stube, während Michlsepp sein Bett aufsuchte, das an der Wand neben der Kammerthür stand. Auch Annamirl ging bald in die Kammer, nachdem sie sich von dem festen Schlummer des Bruders überzeugt hatte. Bei dem jedoch einmal vorgefaßten Verdacht beharrend, nahm sie sich vor, noch eine Stunde zu wachen, um verhüten zu können, daß ihr altes Sorgenkind einen schlimmen Streich begehe, wie vor Jahren, als Sepp, plötzlich von Heiratsluft erfaßt, mit jungen Burschen vom benachbarten Dorfe zu einer Fensterparade sich verleiten ließ. – Als aber die alte Wanduhr schon Elfe geschlagen und noch immer grunzendes Schnarchen zu ihr hinaustönte, schloß sie endlich beruhigt die Augen. Kurze Zeit darauf klopfte es ans Fenster. Michlsepp stellte das Schnarchen ein, und sprang wie ein zwanzigjähriger Jüngling aus dem Federpfühl, fuhr in seiner Erregung mit beiden Beinen in die Ärmel seines Rockes, welchen Mißgriff er erst gewahr wurde, als das, in so sonderbare Anwendung gebrachte Kleidungsstück durchaus nicht *weiter als bis zum Knie wollte. – Nach langem Ächzen und Zerren hatte er sich endlich angekleidet, und nun schlich er sich auf den Zehen zum Hause hinaus, wo ihn Hansl empfing, mit der Muskete im Arm.*

„Jatz geh amal,“ sagte dieser ungeduldig, „moanst denn, der Hos beit (wartet), bis wir keman; geh nur flink! Aber lus auf: Du setz' die' in das große, und i ins kloa Schaff, und aft muks di nimmer, daß mir ja 'n Has'n nöt verjag'n. Paß auf, ob er nöt kimmt, – der hat's Kraut scho längst g'schmöckt.“ „Ja ja, – Hansl, aber schau fei aus, daß die dös Mordinstrument da nöt losgeht, aus wär's, 's könnt leicht ein Unglück geb'n.“

Ungefähr 300 Schritte vom Hause weg, nahe bei einem Gehölz standen zwei, zur Hälfte mit Heu ge-füllte, große Waschzuber. Hier machten die beiden nächtlichen Abenteurer Halt, und jeder stieg in eines der Gefäße; Hansl behielt das Gewehr in der Hand. „Gib jetzt acht, Bauer, und rühr di nimmer,“ flüsterte er den mit den Zähnen klappernden Michlsepp zu, „Schau nur alleweil auf die Krauthäupl hin, dorthin muaß der Hos kemma. I bin scho a zwanzg' mal dabei g'wes'n, wenn mei früherer Bauer auf d'Has'n paßt hat, und allmal hab' mir oan troffa.“ Wie zwei unheimliche Gespenster hocken die Wildschützen in ihren Kübeln, regungslos auf Beute lauernd.

Der Michlsepp verspürte Fieberfrost in den Gliedern und nebst bangem Herzklopfen peinigte ihn das böse Gewissen fürchterlich. Und hätte er erst das weiße Gespenst gesehen, das sich, der verkörperten Neme-sis gleich, hinter den Schatten der alten Obstbäume hervorschlich, er wäre unverzüglich auf und davon. – Jetzt rauschten die aufgehäuften Kohlblätter in der

Ackerfurche und vier Augen bemerkten ein graues Etwas darüber hinschleichen.

„Der Hos, der Hos!" schrie Michlsepp in einem Ton, der gerechtfertigt gewesen wäre, hätte es geheißen: „Der Wolf, der Wolf." – Da – ein unartikulierter Schrei, oder vielmehr ein Gekreische, dann war es einen Augenblick totenstill. Der Mond, der bisher von einer leichten Wolke verhüllt gewesen, trat jetzt leuchtend hervor, und blinzelte vielleicht ein wenig erstaunt auf die seltene Jagdszene hernieder. Mit verstärktem Blick sah der Michlbauer um sich und gewahrte – das weiße Gespenst, welches sich vorher, wie schon bemerkt, herangeschlichen hatte, mit ausgestreckten Armen und Beinen auf der Erde liegen, dumpfe Töne ausstoßend. „A Geist – mei liaba Herrgott, a Geist – Hansei hilf –" „Mariannerl! – richtö – a Gschpenst! –" hallte es auch von Hansls Zuber her, und wie auf einen Schlag kollerten die hölzernen Behälter mit ihrem Inhalt ein paarmal übereinander, die nächtlichen Übelthäter zu unfreiwilligen Purzelbäumen veranlassend. Keuchend arbeiteten sie sich aus dem Heu heraus und nun sahen sie abermals das Gespenst, welches sich nun aufgerichtet hatte und in drohender Haltung dastand. „Äh, äh, eh," keuchte Michlsepp und wie von Furien gepeitscht, jagte er dem Hause zu, Hansl ihm nach, ohne an ein Mitnehmen der Muskete und des erlegten Hasen mehr zu denken. – Erschöpft lehnten nun die Armen an der Mauer, als sie sich glücklich im Hofraum befanden und Hansl die Thüre sorgfältig verrammelt hatte. „Äh, – äh, – dös is mei Tod, Hansei – o dös verfluachtö Hosenpass'n – mei Lebtag schoiß i koan Hos'n mehr." „Hab'n ja eh i g'schoss'n," warf Hansl, in dem sich nach überstandener Gefahr der Waidmannstolz regte, selbstbewußt ein, „aber lus, Bauer, i hör' was!" Beide horchten und vernahmen eine sich nähernde kreischende Stimme: „Ös Höllsakra, ös Schinderkerl, ös damisch'n – auf'n Rachl möchte' i enk aufi wünschen, ös Lackln ös anbrennt'n –." Mit wahrer Berserkerwut begann es an der Hofthüre zu rumoren, geknickt lehnten die Unglücklichen an der Mauer, vor jähem Schrecken unfähig, einen Laut von sich zu geben. „Ob's aufmocht's, ös Affn, ös dickschedlat'n, derweil's no guat is, hat's g'hört! – Sepp du hoamtückischer Lump, mach auf, sag i' dir, oder es gibt was!" –

Stillschweigend wollen wir die zärtlichen Ergüsse übergehen, die Annamirl, denn sie war das Gespenst, welches sich in weißer „Nachttoilette" den Wildschützen nachgeschlichen hatte, jetzt, als diese ihr öffneten, aus ihrem Schimpfregister hervorfluchte. – Wie ein geschlagener Pudel drückte sich Michlsepp ins Bett und sein Schuldgenosse that das Gleiche. – Als nach einer qualvollen Nacht Annamirl und der Bruder, sowie Hans und Nanni in düsterer Feierlichkeit hinauswanderten, um die Hasenleiche abzuholen, entrollte sich vor ihren entsetzten Blicken folgendes Bild: Zwei umgestürzte Zuber, die alte Muskete, Michlseppens Zipfelhaube und auf dem Kohl oder Köder – Annamirl's zärtlich gepflegter Liebling, der graue Kater, – mausetot. Über die, nun folgende Szene falle der Vorhang. – – – Hansl, der Anstifter des ganzen Unheils, kam für diesmal mit einer nachdrücklichen Strafpredigt davon, und nach wie vor trägt er geduldig seiner Gönnerin Holz und Kartoffel in die Küche. Für Michlsepp hatte der Schrecken sonst keine nachteiligen folgen gehabt, *als daß ihm ein unüberwindlicher Abscheu blieb vor dem „Hasenpass'n". Er ist ein seelenguter Kerl; wer es sich aber einfallen läßt, ihn bei seinem neuen Namen „Katzenschütz" zu nennen, der dürfte sich bei all seiner Gutmütigkeit auf eine tüchtige Tracht Prügel gefaßt machen.*

In rascher Folge kamen weitere, erst vor einigen Jahren entdeckte und bisher unveröffentlichte Erzähltexte hinzu, z. B. *„Die Irrwurz"*, *„In Gott's Namen"*, *„Der Pfingstvogel"* und *„'s Waldvögerl"*, wiederum in der Sonntagsbeilage der Passauer *„Donau-Zeitung"* abgedruckt. Nachdem die ersten kleinen Honorare für diese Veröffentlichungen in Oberndorf eingetroffen waren und die gehorsame Tochter diese dem gestrengen Vater ablieferte, änderte dieser seine bisherige Einstellung zu den Schreibprodukten seiner Tochter. *„Schreib, Senzl, schreib!"*, lautete nunmehr seine Parole, das Geld konnte Josef Meier schließlich gut brauchen für seine vielen, oft risikoreichen Unternehmungen, bei denen er wiederholt auch finanziellen Schaden erleiden musste.

Über die junge Dichterin wurde kurz darauf in einer überregionalen Zeitung berichtet. *„Der Sammler. Belletristische Beilage zur ‚Augsburger Abendzeitung'"* schrieb 1895 über die *„bäuerliche Dichterin"*, veröffentlichte im Jahr darauf ihre Erzählung *„Die Madlhüttler"* und rühmte ihr *„wahres dichterisches Talent und die Wärme echter Empfindung"*.

Aus diesen frühen Jahren in Oberndorf haben wir den frühesten Brief der Emerenz Meier. Er ist der erste aus einem siebzehn Briefe umfassenden Konvolut aus den Jahren 1893 bis 1895. Emerenz Meier richtete ihn an den Kandidaten der Medizin Ludwig Liebl in München, einen gebürtigen Waldkirchner. Der erste erhaltene Brief stammt vom 10. September 1893 und hat folgenden Wortlaut:

Oberndorf, 10. Sept. 1893
Verehrter Herr Liebl!
Was meinten Sie mit dem Entschluß fassen? Ich kann keinen andern fassen, als vorläufig den, nur lernen. Denn für mich gäbe es kein größeres Unglück, als wenn ich gezwungen wäre, alles aufzugeben und von mir zu werfen, an was ich seit Jahren mit Herz und Seele hänge.

Und den besten Willen habe ich; soviel in meinen Kräften steht will ich mich bemühen, Ihnen Ehre zu machen. Da braucht es kein langes Besinnen, denn ich möchte nichts anderes als das, was ich immer wollte und was Sie ja gut geheißen haben: daheim fortarbeiten und fortlernen. Der ganze Winter liegt jetzt vor mir, in dem ich nichts zu thun habe als lernen. —

Aber das Heirathen! Ich habe noch nie darangedacht und werde es nie: Weil es durchaus meinem ganzen Lebensplan widerspräche, — weil ich die Mutter nicht verlassen möchte, so lange sie lebt, und weil ich überhaupt einen unüberwindlichen Abscheu davor habe. — Heiraten werde ich einmal wenn ich an der ganzen Welt schon verzweifelt habe, aber Gott sei Dank bis dahin kann noch eine schöne Zeit vergehen.

Sie hätten mir keine größere Freude machen können, als die, welche mir Ihr Vorschlag bereitet hat. Ja *ich will und so gerne! Und wenn ich anfange, so werde ich es auch vollenden, eher bliebe ich Tag und Nacht darüber sitzen. Aber ich glaube selbst, daß es nicht so arg wird, denn ich lerne und begreife leicht. An der nötigen Energie wird es mir nicht fehlen. Doch ich bitte Sie, machen <u>Sie</u> sich keine Ausgaben, der Vater ist mit Freuden bereit, mir alles zu geben, was ich brauche.*

Recht gute Unterhaltung auf Saldenburg. Es muß etwas schönes darum sein, wenn man mit Gleichgesinnten fröhlich sein kann. Die Welt gehört Ihnen, und wenn Sie auch nicht immer glücklich sind, manchmal sind Sie es doch. Wenn mein Wunsch wirkende Kraft besäße, so müßten Sie es immer sein.

Wie freue ich mich auf Ihr Kommen! Auch Eltern und Schwestern. Recht viele herzliche Grüße von diesen und von

Ihrer

dankbaren Emerenz

Dieser erste erhaltene Brief aus der Feder der knapp 19-jährigen ist in mehrfacher Hinsicht interessant. Er ist abgefasst in sehr gewandtem, freundlichem Ton, vieles von der späteren leidenschaftlichen Briefeschreiberin ist also schon enthalten. Emerenz redet den in Waldkirchen geborenen und dort auch aufgewachsenen Studenten, der ihr Lebensalter hat, „per Sie" an, und sie bleibt auch bis zum letzten erhaltenen Brief an Liebl vom Juni 1895 bei dieser Höflichkeitsform, nennt ihn aber da schon seit längerem *„Lieber Freund"* und schließt ihre Briefe mit der Formel *„Ihre Freundin Emerenz Meier"*.

Liebl war für Emerenz in dieser Zeit ein sehr wichtiger Ratgeber und Lehrer, der ihr so manche Lektürevorschläge (u. a. Griechische Sagen, Medea, Scott) machte, Bücher zuschickte und sie zum Lernen anhielt. Emerenz ist glücklich, zu Hause in Oberndorf bleiben zu können und sich dort selbständig weiterzubilden. Sie lernt bereits dort Stenographie, aber auch Latein, wie man auch aus dem Brief vom 22.06.1895 erfahren kann. Und Liebl gegenüber lässt sie mitunter ihre Distanz zur Frau Marktschreiberin, also Gusti, durchscheinen, kritisiert deren „*Kleinlichkeit*" und Unfehlbarkeit (Brief, datiert zwischen 28.8. und 10.9.1894). Auch mit Gusti ist die junge Dichterin um diese Zeit noch „per Sie"!

Dem Berater, Lehrer und Freund gegenüber macht Emerenz aber auch viele Geständnisse über persönliche Dinge, etwa über das Heiraten, weil sie darauf vertrauen kann, dass er nichts ausplaudert. Bei den eigenen Schwestern könne sie da nicht so sicher sein, schreibt sie später einmal. In dem Brief vom 10.9.1893 bekundet sie außerdem bereits, die Mutter nicht zu verlassen, solange diese lebt. Und so ist es ganz logisch, dass sie dreizehn Jahre später, im März 1906, mit der geliebten Mutter gemeinsam das Schiff nach Amerika besteigt und nicht wieder zurückkehrt.

Emerenz verfügte, wie wir aus dem Brief an Liebl entnehmen können, über einen geradezu leidenschaftlichen Lerneifer, sie war begierig, möglichst viel aus allen ihr bis dahin verschlossen gebliebenen Wissensgebieten in sich aufzunehmen, wobei man aber überhaupt nicht den Eindruck hat, sie wolle lernen, um anderen – Eltern, Geschwistern, Mitmenschen im Wald – etwas zu beweisen bzw. sich über andere zu erheben. Sie will lernen, um zu einem tieferen und eigenständigen Welt- und Menschenverständnis zu gelangen und ist einem jeden dankbar, der ihr dabei Unterstützung gewährt, beides sehr sympathische Wesenszüge der jungen Dichterin.

Einen weiteren solchen Wesenszug stellte ihr schon ganz früh ausgeprägter Sinn für Gerechtigkeit dar. Auch dabei waren ihre eigenen Erfahrungen in der Heimat das auslösende Moment. Vor allem die in der Schule erlebten Ungerechtigkeiten hatten sie immer bedrückt, vor allem solche, die anderen Kindern zugefügt wurden. Emerenz, aber auch ihre Schwester Maria, konnten es nur schwer ertragen, dass die Kinder wohlhabenderer Eltern von den klösterlichen Lehrerinnen vorgezogen wurden. Diese erlebte Ungleichbehandlung bewegte die Meier-Töchter aus Schiefweg auch noch fast vierzig Jahre später in Chicago. Emerenz formuliert zunächst im Auftrag ihrer Schwester Mary Jacklin eine Briefbeilage zu dem Schreiben an Gusti Unertl vom 23.09.1921. Darin heißt es:

„An die hochwürdigen Schwestern der engl. Fräulein Schule in Waldkirchen! Meine Schwester Mary Jacklin in Chicago läßt die würdigen Schwestern herzlichst bitten, die durch Frau Unertl übermittelten Sachen für die Suppenanstalt zu verwerten in der Weise, daß alle armen Kinder ohne Unterschied der Religion und des politischen Bekenntnisses ihrer Eltern davon bekommen. Die guten, sowohl wie die unartigen Kinder.

Ja gerade letztere sollen bevorzugt werden, nicht um sie zu belohnen, sondern sie durch Güte zu bessern und froh zu machen. Denn die Menschen werden nicht boshaft geboren, sondern werden durch ungerechte Behandlung bös gemacht."

Das war auch die Meinung der Emerenz, die um diese Zeit aber schon etwas diplomatischer mit dem leidvoll erfahrenen Thema umgehen konnte, wie ihrer Vorbemerkung zu dieser Briefbeilage zu entnehmen war:

„Liebe Gustie ich lege nach Maries bestimmtem Willen zwar den Zettel bei, aber wenn Du denkst, daß es beleidigend und unnötig ist, übergib ihn nicht. Wir haben durch neunjahrlangen Schulbesuch die Klosterhexen zwar genügend kennengelernt u. wissen, daß sie selbst milde Gaben als Ruten benutzen für jene, die nicht nach ihrem Gusto sind. Aber man darf nicht immer seinem Sinn folgen, will man nicht manches noch schlimmer machen. In Amerika wird man sehr eigenwillig und rücksichtslos u. selbstsicher. Man mußte eben zu viel durch machen. Und man lernte alle Religionen bitterlich hassen als der Menschheit schlimmste Feinde."

Der Zettel liegt auch noch heute beim Originalbrief. Die Empfängerin, Gusti Unertl, hat ihn also nicht bei den Klosterfrauen abgegeben, hierin aber durchaus mit der Erlaubnis der amerikanischen Freundin handelnd.

Emerenz Meiers kritischer, leicht aufmüpfiger, aber stets wacher Geist hatte sich in der Waldheimat immer wieder auch bei ihrer Mitarbeit in Haus und Hof gezeigt, als Kellnerin, Magd und vor allem als Hüterin. In ihrem Erzählfragment „*Die Gänse*" etwa schafft sie es hervorragend, sich als Gänsemagd in die Psyche ihrer Schutzbefohlenen hineinzuversetzen und im heutigen Sinn ökologisches Bewusstsein in Abgrenzung von der traditionell denkenden Umwelt aufzubauen. Diese Zeilen vermitteln dem Leser unserer Tage einen nachhaltigen Eindruck davon, wie hart und kalt das arbeitsreiche Leben im Wald damals war, gerade auch für die Kinder, die bei Ungehorsam oder auch nur Ungeschicklichkeit verbale und körperliche Gewalt der Eltern, Geschwister und der anderen Mitglieder einer patriarchalisch geprägten, dörflichen Gesellschaft zu gewärtigen hatten.

Die Gänse

Hu, wie es regnete! Dazu die grauen, kalten Nebel, die alles, Hügel, Gebüsch und Bäume einhüllten. Die Gänse quiekten kleinlaut, zupften nur hie und da ein dürres Grashälmchen aus dem braunen Wiesenboden und machten alle Augenblicke Anstalt, in geschlossener Reihe heimzumarschieren. Wenn ich sie dann mit der Gerte zurücktrieb, protestierten und schrien sie in fast verständlichen Lauten: „Ob denn das auch noch recht sei, in dieser Regenkälte hier stehen zu müssen? – Und wenn es noch gute Weide gäbe! Aber kein Körnchen und kein Rübchen." – Und sie warfen mir so vorwurfsvolle Blicke zu, schimpften so bissig auf mich, daß ich nicht umhin konnte, einen Versuch zu machen, ihnen

meine gänzliche Schuldlosigkeit an den traurigen Ver-
hältnissen darzutun:

„Glaubts denn, daß 's mi' selber g'freut, das Her-
sitzen in Reg'n und Nebel? – Glaubts denn, daß mi'
nöt friert und hungert? – Aber wenn i' enk jetzt schon
hoamtreib, krieg i' Schläg."

Zur Beglaubigung dieser Worte brach ich in Tränen
aus und schaute dann trostlos in die Luft. – Die Gänse
betrachteten mich blinzelnd, ich mochte ihnen wohl
selbst einige Teilnahme einflößen, wie ich unter einem
zerrissenem Parapluie dasaß auf dem nassen Rain: eine
kleine, schmutzige, blaugefrorene Person, barfuß in
Holzschuhen, den Kopf dicht mit einem wollenen Tuch
umwickelt. Die erstarrten Hände unter der Schürze
versteckend, stellte ich Betrachtungen über Gottes Un-
gerechtigkeit an. Wie er andere, glücklichere Kinder
um diese Zeit in warmen Stuben sitzen und gebratene
Nudeln und Kaffee essen ließ, während ich – ich allein
in Nebel und Regen auf kalter, menschenferner Weide
Gänse hüten mußte. Hätte er mir denn nicht auch rei-
chere Eltern geben können, die mich, anstatt mir mit
Schlägen zu drohen, wenn ich zu frühe heimtrieb, mit
guten Worten und einer warmen Kaffeesuppe zur Ruhe
brachten! – O die warme Kaffeesuppe und die gebrate-
nen Nudeln! Die kamen mir nicht aus dem Sinn! Ich sah
und aß sie schon, viel, viel und immer mehr, es schmeck-
te so köstlich und machte mir so warm ums Herz, – bis
plötzlich der tückische Wind aus dem nächsten Gebüsch
herbeihuschte und mir mit eisigen Händen ins Genick
faßte. Dabei flog das Parapluie fort, mitten unter die
Gänse hinein, die flatternd und schreiend auseinander-
stoben. Weit rannten sie hin in grenzenlosem Entsetzen.

Und immer weiter trieb der Wind, der teuflische, das Parapluie, immer näher der Schwemme zu, die mitten auf der öden Wiese wie ein rundes, dunkles Auge zum Himmel stierte. Jetzt machte das Parapluie noch einen letzten unglücklichen Purzelbaum, und dann schwamm es, den Stiel nach oben gekehrt, tanzend dahin auf der Flut. Ich überlegte ganz ernstlich, ob ich jetzt hell hinausschreien oder stillsein und meinen Schmerz dem Hl. Herzen Mariä aufopfern sollte, wie es uns die Klosterfrau in der Schule für ähnliche Fälle empfohlen hatte. Mich zu letzterem entschließend, stellte ich zugleich die Bedingung, daß die Muttergottes, welcher zuliebe ich das schmerzliche Würgen in der Kehle lautlos ertrug, ein Wunder wirken und mir mein Parapluie mit unsichtbarem Arm aus dem Wasser heben sollte. – Aber sie tat es nicht, die Muttergottes, trotzdem ich noch einige Avemaria und eine neuerliche Abtötung versprach. – Ich sah es schon, sie war ebenso verstockt und taub wie der liebe Gott, sie ließen einen im Elend sitzen, wenn man sich nicht selber half. – „Aber einen Pfiff kriegt Ihr für mein Abendgebet, einen Pfiff für alle Abtötungen! – Und jetzt geh ich schnurstracks selber mitsamt dem Gewand ins Wasser und hol mir selbst mein Parapluie. Wenn ich auch durchnaß werde und Husten und allerlei Wehdam kriege, es geschieht Vater und Mutter ganz recht, warum muß ich in solchem Wetter Gänse hüten!" – Dieser letztere schadenfrohe Gedanke war ein Beweis, daß ich ganz genau empfand, wie zärtlich ich von meinen Eltern geliebt ward, trotzdem ich Gänse hüten mußte. – Schon wollte ich meinen Fuß ins eisige Wasser setzen, da überlegte ich noch einmal. Ich hatte im Sommer allerhand unheimliches Geziefer da unten auf dem schwarzen

Grunde gesehen. Unter anderm [*... im Manuskript fehlen hier ca. zwei Seiten ....*].

[...] klumpen über die braunen Furchen stelzte.

Oben auf der breiten Höhe des Hügels zogen sich zwei Krautpifunge hin; an den Kohlköpfen, deren beste und größte schon heimgeholt worden waren, hatten die Gänse noch in Eile Mahlzeit gehalten und sich deshalb im Marsche verspätet, so daß es mir gelang, sie binnen weniger Minuten einzuholen. — Auf der Hochstraße war 's, die vom Hügel abwärts bald zum erdenklich tiefsten Hohlwege wurde und direkt ins Heimatdorf mündete.

„Hussi!" schrie ich die strafwürdigen Flüchtlinge auf „böhmisch" – ihre Muttersprache – an. Die Waldgänse sind nämlich sämtlich Böhmacken, sie werden im Herbst zu Tausenden von den Händlern über die Grenze getrieben und truppweise verkauft. „Hussi! — Was muß ich enk denn jetzt toa', ös schlechten Viecher? –"

Entsetzt blieben sie stehen, wagten in ihrem Schuldgefühle kaum zu schnattern und blickten mich verlegen, furchtsam an.

Eine davon, die schöne, feinhalsige Ganzweiße, duckte sich sogar, legte die reine Brust auf den Schmutz des Weges und sah schüchtern empor. — Zwei, drei taten ein gleiches, es war rührend anzusehen, und mir traten plötzlich die Tränen in die Augen.

„Wadi, Wadi!" koste ich nun auf „deutsch". „Gelt, es g'freut enk halt auch nöt in der Kält'n, hoam möchts geh'n, hoam? – Arme Wadi!"

Die Ganzweiße berührte mit ihrem Schnabel mehrmals meine Hand. Einige fragten und berieten etwas, die übrigen antworteten zustimmend – „Na ja, so gehn wir halt hoam."

„Daz – daz – daz", im nassen Kot dahin die Herde, „klatsch, klatsch", ich nach.

Sie unterhielten sich nur in abgerissenen Sätzen, ich hörte Bedauern über mich heraus und Klagen über das Elend auf Erden.

Dann meinte eine, wie 's wohl zu Hause aussehen würde im Stall!

„O, frische Streu!" sagte die Ganzweiße.

„Ja, aber Futter im Barren?"

„Vielleicht Haber!"

„O nein! Paßt auf, Rüben kriegen wir wieder. Diese faden, süßen Rüben! Ein paar Bröckl hie und da will ich mir ja gefallen lassen, aber –"

„Erdäpfel, Erdäpfel und nicht einmal gesotten!" schnarrte ein schopfiger Gänserich verdrossen. „So Erdäpfel, – einen Bissen, aber nicht mehr kann ich fressen von dem Zeug!"

„Krautblättl werden am End unter uns geschmissen", quiekte eine Graue. „Daß ihr dann wieder um jeden Fetzen mit mir raufen könnt!"

„Wer rauft denn lieber als du!" schrie da eine Weiße. „Ich bin dir überhaupt vom Acker droben noch eins schuldig, du!" Und sie biß die Graue in den Kragen. Schreiend lief die Graue aus der Reihe, die boshafte Angreiferin erhielt einen Drisch von mir auf den breiten Rücken.

„Halts enkerne Schnäbel! Wenns nöt brav seid's, kriegt's überhaupt nix. – Hussi, hussi, sag i'!"

Was ich wohl selbst bekam? – Es war noch so früh, um sechs Uhr hätte ich erst heimkommen dürfen. Dazu mein Aufzug, naß, kotig, – ja zweifellos, ich bekam – zwar keine Schläge, die ich nicht einmal

*gefürchtet hätte, aber verächtliche Reden, z. B. daß ich
so ganz und gar zu allem untauglich, – ein Tolpatsch,
ein weichliches Ding sei. Und das tat mir jetzt schon
weh, wie Gift im Leib, ich fühlte mich schlechter und
verlassener als die Tiere, die ich trieb.*

*Vor dem Dorfe begegnete mir der Bruder, der aus-
geschickt war, mich heimzuholen. Also hatten sie doch
ein menschlich Rühren gefühlt! –*

*„Aff du, wie bist denn so naß!" schalt er mit echter
Bruderliebenswürdigkeit und hieb mit der Gerte, die
er sich bereits geschnitten, in die Gänseschar.*

*Jähzornig hieb ich da mit meinem Parapluie auf
ihn, wir kamen nun auch ins Raufen, – mein war die
Niederlage.*

*Die flammende Wut darüber gab der Teufelsbrut,
die in jedes Menschenherz von Anfang eingesetzt, ein
plötzliches Leben. Tausend wilde Regungen fuhren mir
zu Gehirn: „Geh heim und plärr' und verklag' den
Bruder! – Schimpfe, tobe! – Oder stell' dich todkrank
und sei ein entsetzlicher Vorwurf deinen Eltern, die
dich mit ihrer Härte so zugerichtet! Usw."*

*Da fiel mein Blick auf die Gänse, zuerst auf die
Ganzweiße. Die knabenübermütigen Hiebe des Bruders
hatten gerade sie zumeist getroffen. Einen Flügel ließ sie
hängen. Sie dazte still dahin, gab keinen Laut von sich.
Aber ihre Augen schienen zu klagen: „Weh tut's, ach!
Indessen, – was muß man nicht alles leiden!"*

*„Ja", quiekte die Graue, „schließlich werden wir noch
abgewürgt auch. – Wer hat mit uns Mitleid, wer fühlt
Gewissensbisse, wenn er uns ißt? – Spotten, lachen tun
die Menschen, derweil sie uns fressen, kauend mit vollen Backen. Und wir sind hilflos."*

Diesen Worten folgte ein förmliches Jammern und Stöhnen der Gänse. Todmüde, trübe blinzelnd watschelten sie dahin.

„Naa! Naa!" schrie ich nun erschüttert auf. „Glaubts es nöt, es is ja gar nöt wahr, meine Gansei!"

Aber weil ich wußte, daß es trotzdem fürchterliche Wahrheit, trieb ich sie, meinen eigenen Schmerz als nichts mehr achtend, liebevoll in den bereits mit frischer Streu versehenen Stall, füllte trotz meines erbärmlichen Zustandes je einen Barren mit reinem Wasser und trockenem Hafer, winkte den Lieblingen vielmals gute Nacht und ließ dann in der Wohnstube getrost das Strafgericht über mich hereinbrechen.

Es traf mich, als ich, befreit von der nassen, kotigen Kleidung im warmen Bette lag und war – eine duftende, heiße Kaffeesuppe nebst gebratenen Nudeln. Und – die Hauptsache nicht zu vergessen, – ein gutes Wort vom Mütterlein dazu.

Und doch: trotz Kälte und Nässe und Angst vor Spott und Hohn und eventuellen Schlägen – das Hüten bot auch die Möglichkeit, aus der rauen Alltagswelt zu entfliehen. Da konnte sie lesen, sinnieren, nachdenken und träumen, vielleicht auch die eine oder andere Zeile schreiben. In dieser Wunsch- und Traumwelt, mitten in der friedvoll schönen, aber auch bedrohlich harten Waldgebirgslandschaft, konnte sie eins sein mit der ganzen Natur, der Tier- und Pflanzenwelt, sie war da – wenn auch wohl immer nur für einige Augenblicke – „des freien Waldes freies Kind", in Erwartung der „Sonnenbraut" am Morgen.

Bildpostkarte aus der Zeit um 1898

Ihr erstes – und einziges – Buch zu Lebzeiten

Nach den ersten Zeitungsveröffentlichungen von Emerenz Meier und über sie, die ihre Wertschätzung vor allem in der Stadt, aber nicht auf dem Land, aufzeigten, konnte das erste Buch der Waldlerdichterin nicht mehr allzu lange auf sich warten lassen.

Waldkirchen, der Wald überhaupt, erlebten um diese Zeit die ersten Anfänge des modernen Fremdenverkehrs. Viele Städter, auch aus dem Kaiserreich Österreich-Ungarn – Juristen, Lehrer, Schriftsteller, Angehörige des niederen Adels –, reisten dorthin in die Sommerfrisch. Die dichtende Bauernstochter Emerenz Meier stellte dabei eine weitere touristische Attraktion für die Gäste dar, die man neben der gesunden Luft, der herrlichen Landschaft und dem erholsamen Leben außerhalb der Großstadt gut vermarkten konnte.

Schon bald existierte eine Bildpostkarte, hergestellt vom kgl. Hofphotographen Alphons Adolph aus Passau, auf der das Konterfei der Schriftstellerin in bäuerlicher Festtagstracht sowie ihr Geburtshaus in ländlicher Idylle mit Dörflern und Vieh zu sehen waren, verbunden mit dem Aufdruck *„Gruss aus Waldkirchen"*, umrankt von Edelweiß, Enzian und anderem Blattwerk.

Es war Gusti Unertl, die damals und auch noch später von Emerenz oft mit Distanz bedachte „Förderin", die Professor Karl Weiß-Schrattenthal (1846–1938), Lehrer für deutsche Literaturgeschichte in Pressburg, selbst Schriftsteller und Herausgeber mehrerer – wie er das nannte – *„Naturdichter",* auf die Oberndorfer Heimatdichterin aufmerksam machte. Emerenz Meiers realistische, alles andere als idyllisierenden Geschichten aus dem Wald fanden seine Zustimmung.

Er stellte im Herbst 1896 vier ihrer längeren Erzählungen: *„Aus dem Elend"*, *„Ein lustiges Weib"*, *„Der Brechelbrei"* und *„Die Madlhüttler"* zu einem Band mit dem Titel *„Aus dem bayrischen Wald"* zusammen, versah das Werk mit einem kurzen Vorwort (*„Heute versorgt sie zehn Stück Rinder, dreimal täglich und bearbeitet Felder und Wiesen. Und so ist's recht und gut."*) und gab es als zweiten Band seiner Reihe *„Dichterstimmen aus dem Volke"* heraus. Das schmale, 140 Seiten umfassende Bändchen – es kostete geheftet 2,20 Mark, *„fein gebunden"* 3 Mark – erschien im Verlag Thomas & Oppermann im fernen Königsberg in Ostpreußen und sollte das einzige Buch der Emerenz Meier zu ihren Lebzeiten bleiben.

Das Buch wurde von der Kritik im gesamten deutschsprachigen Raum als *„literarisches Ereignis"* gewertet, ja sogar als *„eine Art Wunder"* bejubelt, ein Verkaufserfolg wurde es nicht, vor allem auch nicht in der Heimat der Dichterin. Der Verleger beklagte fast drei Jahre nach dem Erscheinen die immer noch vorhandene Deckungslücke von 130 Mark und monierte außerdem, dass die Waldkirchner Buchhandlung Bauer keine weiteren Exemplare orderte.

Von einer Reaktion der Dichterin auf die Klagen des Verlegers ist nichts bekannt, sie erfreute sich vielmehr an über dreißig wohlwollenden Rezensionen, die sie fein säuberlich in ein Heft schrieb, nahm mit Genugtuung zustimmende, lobende Briefe von bekannten Dichtern wie Michael Georg Conrad und Peter Rosegger entgegen, veröffentlichte fleißig weiter in anderen, jetzt auch schon wichtigeren Presseorganen und genoss im Übrigen ihre Rolle als umschwärmte Dichterin, die sich aber selbst im Inneren ihrer dichterischen Berufung gar nicht so sicher war, obwohl doch sogar der lokale Waldkirchner Anzeiger schon lobend über die talentierte Erzählerin berichtet hatte (03.12.1896):

Waldkirchen, 2. Dezember. (Eine Anerkennung aus berufenem Munde.) Der in weiten Kreisen bekannte und berühmte Literat Franz Wolff in Wien schreibt in einem Brief an Emerenz Meier folgende bemerkenswerte Stellen: „Unter vielen anderen Büchern, die sich vor Weihnachten ja reichlich einstellen, kam mir auch Ihr Buch „Aus dem bayerischen Wald" zur Besprechung zu. Ich begann es zu lesen und angeregt durch die Frische des Tones, durch die ungeschminkte wahrhafte Darstellung, durch die Naturtreue des Gesagten, las ich ohne Einhalten bis zum Ende. In den vier Erzählungen sind fesselnde individuelle Züge, aus allen spricht eine starke Persönlichkeit. Daß Sie sich aber bei Ihrer unleugbaren, starken dichterischen Begabung den Sinn für das freie und doch eigentlich einzig gesunde Leben der Landwirtin erhielten, das macht mir aufrichtige Freude. Solche Kräfte brauchen wir, um dem Volke gesunde Nahrung zu bieten! Erzählungen, die Sie schreiben, werden immer den Stempel Ihrer Heimat an sich tragen und als ursprüngliche Werke verdiente Wirkung üben. Im Laufe des Monats Januar werde ich Ihr Buch ausführlich in den in Wien erscheinenden

Lechner'schen Monatsheften, später womöglich auch noch in einem Berliner Blatte besprechen. Heute aber schon fühle ich mich gedrängt, Ihnen auf diesem Wege meine vollste Anerkennung, meine aufrichtige Freude über Ihr schönes Talent auszudrücken. Zum Beweise meiner Hochschätzung bitte ich Sie, ein Buch von mir, welches ich unter Einem per Kreuzband an Sie absende, freundlich annehmen zu wollen. Ich kenne nicht den bayerischen, wohl aber seinen Bruder den Böhmerwald und ich grüße ihre schöne Heimat. ... Mit den verbindlichsten Grüßen und kollegialer Hochachtung Ihr ergebener Franz Wolff."

Im Buch, das wohl im November 1896 erschienen ist, aber das Erscheinungsjahr 1897 trug, ist die Geschichte *„Ein lustiges Weib"*, später, 1903, auch noch einmal unter dem Titel *„Der Juhschroa"* veröffentlicht, einer meiner Lieblingstexte der Emerenz, weil er ihr besonderes Talent, ihre dichterische Gabe sehr deutlich zeigt: knapp, präzis, realistisch, schnörkellos, was Stoff und Sprache angehen, und dabei doch empfindsam-anrührend, ja mitreißend im Hinblick auf die lebendig-intensive Personengestaltung und -charakterisierung: ein Meisterwerk der Dichterin, die beim Abfassen der Geschichte noch keine 22 Jahre alt war.

Ein lustiges Weib

Es ist nun schon an die zehn Jahre her, daß das lustigste Weib, welches je auf dieser traurig-lustigen Welt gelebt, seinen letzten Jauchzer ausgestoßen hat.

Ich war damals elf Jahre alt und hatte meine Freude an jenem schrillen, markerschütternden Schrei, dessen Ausklang die Knochenfaust des Todes in der röchelnden Kehle erstickte.

„Juhuhu!" tönte es von dem elenden Lager, auf welches die noch elendere Gestalt der achtzigjährigen Greisin gebettet war, und wir Kinder, die wir ahnungslos fröhlich wie an sonstigen Tagen im Kreise um dasselbe standen, stimmten laut lachend mit ein.

„Juhuhu" – das war der letzte Seufzer des Hanserl Enzls.

Als es lange, ungewöhnlich lange still blieb, als auf unsere neckenden Bemerkungen, auf die Aufforderung zu neuem Jauchzen keine Antwort erfolgte, trat ich ganz an das Kopfende des Bettes und beugte mich über unsere Freundin, vorsichtig, scheu, denn ich fürchtete den raschen Griff ihrer Finger, mit welchen sie mich, so oft sie mich erhaschen konnte, derb an den Haaren zauste.

„Enzl, was ist's?" flüsterte ich, fuhr aber im nächsten Moment schreiend zurück, denn ich hatte in ein Paar grauer, stierer, verglaster Augen geblickt, in ein gelbblasses Gesicht mit weit offenem Mund, aus welchem kein Hauch mehr drang. Mein Geschrei scheuchte die Spielgenossen aus dem halbdunklen Dachraum hinab über die Stiege, ich lief hinterdrein.

„Das Hanserl Enzl ist tot!" schallte es durch das Dorf.

„Das Enzl? Na Gottlob! Es ist gut für sie; Gott mag sie trösten."

Am Abend gingen wir, zwei meiner Freundinnen und ich, mit den Erwachsenen zur Totenwache, die

Furcht vor der Verstorbenen den Vergnügungen zuliebe überwindend, welche uns bei dieser Gelegenheit winkten. War es ja doch nur eine Quartiererin, eine in der Gemeinde Umziehende, welcher gewacht wurde, und da hatten wir das Stillsitzen, das Trauergesichtschneiden und das Lachenverbeißen nicht zu fürchten. Da schmeckte uns das würzige Schwarzbrot besser als zu Hause, da verschmähten wir selbst ein Schlückchen Schnaps nicht, den die Bäuerin, welcher das Enzl als tote Last geblieben war, herumreichte. Die Hauptsache aber war, daß sich in der vollgedrängten, glühheißen Stube ein Männlein befand, ganz hinter dem Ofen versteckt, dessen unscheinbare äußere Hülle einen köstlichen Schatz barg, um den wir Kinder es bei jeder Gelegenheit plagten, nämlich Märchen – wunderbare, abenteuerliche Geschichten und Märchen. Sie entstanden während des Erzählens hinter seiner niedrigen, von grauem, struppigem Haar umrahmten Stirne, und alles horchte atemlos, sobald er nur den Mund öffnete. Flori hieß der kleine Graue, war „Fütterer" auf dem Hofe, sonst auch Holzschuhmacher, Bitzler[1], überhaupt ein ganz niedriger und trotzdem unentbehrlicher Ehehalte.[2]

Als die Totenschau beendet war, bei welcher jedermann mit dem Strohwedel Weihwasser auszuspritzen und ein Vaterunser zu beten hatte, als die Leute mit Brot und Branntwein versorgt waren, kam Flori aus der Höhle[3] hervor, ließ sich gravitätisch am Tische nieder und erzählte, – erzählte von dem Hanserl Enzl. Ich wunderte mich, wie die Leute bei dieser für mich bedeutungslosen Schwätzerei so still sitzen konnten, wunderte mich, daß man nicht schrie:

[1] schnitzeln, Holzgeräte verfertigen und ausbessern   [2] Dienstbote
[3] Raum hinter dem Ofen

„*Aber das Hanserl Enzl! Wir kennen es ja unser Lebtag! Erzähle uns lieber eine schöne Geschichte, und laß die Quartiererin ruhen oben unterm Dach auf ihrem Strohbette.*"

Wohl horchte ich auch zu, aber ich ärgerte mich dabei und zürnte der Verstorbenen, zürnte ihr noch mehr, als es endlich zwölf Uhr schlug und wir uns zum Rosenkranzgebete knieen mußten. Daß ich niemals wußte, ob jetzt das zweite oder vierte Geheimnis kam, ist gewiß, und daß mein Gebet des Enzls Seelenheil wenig gefördert hat, ebenso. Aber meine Gedanken beschäftigten sich mit ihm, mit dem hohen, hageren, immer lustigen Weibe, wie es daheim in unserer Gaststube oft herumgesprungen war, zum Ergötzen der Gäste. Wie es, als Mann verkleidet, bei der Kammerwagenfahrt des Marinibauern das Mautseil über die Straße gespannt, die Sprüche hergesagt, die Gaben des Bräutigams in Empfang genommen, wie es Schnadahüpfl gesungen und getanzt, wie es sich endlich einen solch kolossalen Nebel angeduselt hatte, daß wir es zu Bette führen mußten. Dieses Enzl hatte mir gefallen; auch dann noch, als es schon lange hinter unserm Dache lag, als es nur selten mehr herauskriechen konnte an die warme, helle Sonne, deren Kind sie einst gewesen, wenn man leichtlebige, nur zu Lust und Freud und Jubel geschaffen scheinende Menschen anders Sonnenkinder heißen darf.

Treppauf, treppab ging es den ganzen Tag, denn wir Geschwister halten unsere Freude an ihrer tollen Art, die sich im Elende noch durch Singen, Jauchzen und Schreien äußerte. Die Mutter war stets besorgt um sie und kochte ihr „extra", eine Bevorzugung, welche Quartierern selten zuteil wird. Mich schien sie zu ihrem Liebling auserkoren zu haben, wohl weniger deshalb, weil ich ihre Namenskollegin, als weil ich ihr immer zu Willen war. Denn wenn sie mit ihrer rauhen, männlichen Stimme bat:

„Enzei, um Gott's-Himmelswill'n, gib mir a Seidl Bier!" oder: „Enzei, nur g'rad' an oanzige Wurst!" so lief ich heimlich in Keller und Speisekammer, ihr das Verlangte zu bringen.

„Bist brav, Dirnei, gar so brav. Wird dir noch einmal gut gehen", sagte sie dann und zauste meine Haare.

Doch sie mußte von Haus zu Haus, die Quartiererin, und selbst vor den elendesten Hütten blieb sie nicht verschont. So lag sie Monate hindurch in einem Flachshause oberhalb des Dorfes, wohin man ihr die Speisen brachte. Auch dort vergaß ich sie nicht, und oft kletterte ich den steilen, mit Fichten und Föhren bewachsenen Felsen empor, auf welchem das Flachshaus thronte. Als dasselbe im Herbste für den Flachs geräumt werden mußte, wurde Enzl wieder in das Dorf transportiert, und dem letzten Bauern verblieb sie. Nun hatte sie noch ein einziges Haus vor sich, das zwar eng und dunkel war, ihr aber doch endlich die bleibende Ruhestatt und dauerndes Quartier gewährte.

Keine Träne floß, als der lange, mächtige Sarg in die Grube fuhr, aber erleichtert atmete man auf. Auch ich stand trockenen Auges da, denn wie erfaßt es je ein Kinderherz, was das Knarren der Seile, das Dröhnen der nachkollernden Erdschollen bedeutet, was mit so einem Sarge alles hinabsinkt in das Dunkel des Vergessens, der Ewigkeit. Welch ein Stück Schicksal, das mit rastlosem tollen Spiel sein Opfer endlich hinabgaukelt zur Ruhe!

Den Todesschrei des Hanserl Enzls vergaß ich aber nie. Er hatte seine Bedeutung für mich erst erlangt, als ich in das erstarrte Gesicht geblickt, und immer hallte er mir dann in den Ohren. Viele Jahre später sprach ich mit der Mutter noch von ihr.

Inmitten des Dorfes Richardsreut stand neben dem ansehnlichen Hofe des Rabenbauern, meines Großvaters, der des Hanserlbauern. Dieser war ein stolzer und eigensinniger Mann, der mit dem Nachbarn stets in Unfrieden und Feindschaft lebte, einzig aus dem Grunde, weil er es dem Rabenbauer nicht vergeben konnte, daß er seit Jahren schon die Würde des Obmanns[4] bekleidete, während er selbst nur Mitglied des Gemeindeausschusses war. Sein Weib, das lammfromme und geduldige Mirl[5], hatte unter seinem rauhen, durch Neid und Hoffart verbitterten Wesen viel zu leiden, und die Leute beglückwünschten es, als es endlich mit Hinterlassung zweier erwachsenen Töchter zur ewigen Ruhe einging.

Der Hanserlbauer vergoß deswegen keine Träne.

Als sie, die ihm eben noch zum Abschied die Hand gereicht hatte, sterbend zurückgesunken war, zog er die Tabakflasche aus dem Gamsen[6], schnupfte gemächlich und schickte dann den Knecht fort mit der Weisung, die ganze Dorfschaft, ausschließlich der Rabenbauerschen Familie, auf die Nacht zur Totenwache einzuladen. Hierauf befahl er der ältesten Tochter Enzl, welche mit finsterem Gesicht neben der Leiche der Mutter stand, die Stube zu fegen, alles auf das Prächtigste herzurichten und ein Faß Bier bei dem Wirt im Nachbardorfe zu bestellen, damit sich die Hanserls vor den Leuten nicht zu schämen brauchten. Enzl, des Vaters Liebling,

[4] *Bürgermeister*   [5] *Marie*   [6] *Brusttasche*

tat denn auch nach seinen Worten und schalt auf Leni, die schluchzend und jammernd am Halse der toten Mutter hing und sich um nichts kümmerte als um ihren Schmerz.

„Bist du so dumm", sagte sie, grollend den Besen schwingend, „woanst und plärrst, und d' Muada wird doch nimmer lebendig. Trag' lieber die schönen Bleamibusch'n vom Bod'n aba[7] und die fein' Lalocha[8], daß 's sauber is, wenn d' Leut kommen. – Schau, es tut mir ja auch weh einwendig, so weh, daß i moan', i muß mir d' Fingern abbeiß'n, aber plärr'n tu i net."

„O Enzl, du woaßt net, wie mir is! I möcht' sterb'n, Enzl, möcht' mit der Muada ins Grab." Und Leni umfaßte aufs neue das kalte, friedliche Antlitz der Toten, es mit ihren Tränen benetzend.

„Dummheit, Lenei! Wer wird sich denn den Tod wünschen! Wir sind noch so jung – i bin zwanz'g Jahr' alt und du achtzehne – und schon sterb'n! O nein, nein!"

Mit diesem energischen Protest warf sie den Besen weg, schlang das schwarze, mit bunten Seidenblumen durchwirkte Tuch zierlicher um den Kopf und lief fort nach dem ihr vom Vater bezeichneten Dorfe, um dort das Bier für die Totenwache zu bestellen.

Als sie durch den Hohlweg schritt und emporsah an den grünen Felswänden, welche blühende Schlehen- und Elexensträuche[9] zierten, in deren jungem Blättergebüsch die Vöglein zwitscherten, da jauchzte sie plötzlich, alles vergessend, auf und sang:

„Zwanzig Jahr bin i alt,
Geh alle Tag in Wald;

---

[7]*herunter*   [8]*Leinentücher*   [9]*Traubenkirschenstrauch*

Geh wohl hinauf die Höh,
Such' mir an Vierblattklee;
Geh wohl hinauf die Höh,
Such' mir an Klee.
Mei Muada hat all'mal g'sagt:
Wer a treu's Herzerl hat,
Der hat 's Glück allezeit –"

Hier brach ihre rauhe, unschöne Stimme jäh ab, denn das Wort „Muada" hatte ihr den Verlust, den sie heute erlitten, ins Gedächtnis zurückgeführt.

Mirl, deren frommes, sanftes Wesen früher auf den unweiblichen, heftigen Charakter der ältesten Tochter fruchtbringend gewirkt hatte, lag seit fünf Jahren im Grabe und war von allen, Leni ausgenommen, völlig vergessen. Der Hanserlbauer war noch unausstehlicher, Enzl noch herber und lustiger geworden. Sie war ein hübsches Mädchen, das konnte niemand bestreiten, aber ihr männlich keckes Benehmen wirkte fast abstoßend. Wo irgend ein toller Streich verübt ward, nannte man ihren Namen zuerst, und wenn es zwischen den Burschen zu Schlägereien kam, war sicher Enzl schuld.

Sie hatte das seidene Kopftuch hinten auf dem Haarneste sitzen, das Merkmal einer flotten Dirne, sie sang in den Wirtshäusern mit den Männern um die Wette trotz ihrer unschönen Stimme, sie führte überall, wo sie hinkam, das große Wort, und sie galt dennoch für ein ordentliches Weibsbild. Mehrere Freier kamen, hauptsächlich von ihrem Vermögen angezogen, sie wurden heimgeschickt. Daß es aber daraufhin gebrochene Herzen gegeben hätte, wagte niemand zu behaupten.

Da starb plötzlich der Hanserlbauer, ohne Obmann geworden zu sein. Enzl war dreißig Jahre alt, und man erzählt, daß sie, als sie von dem Begräbnis heimkehrte, vierblättrigen Klee gesucht und gesungen habe:

„Mei Muada hat all'mal g'sagt:
Wer a treu's Herzerl hat,
Der hat 's Glück allezeit –"

Nun war sie Herrin über Haus und Hof, und Leni ging ungeheißen in den Austrag.

Das stille, sanfte, träumerische Mädchen konnte neben der wilden Schwester nicht leben. Es half wohl allezeit arbeiten in Haus und Feld, tanzte mit beim Ernte-, Rüben- und Brechtanz[10], doch mehr als alles liebte es die Zurückgezogenheit.

Da die Feindschaft der Nachbarn mit dem Tode des Hanserl ein Ende genommen hatte, entspann sich bald ein reger Verkehr zwischen hüben und drüben. Leni saß zur Winterszeit stundenlang in des Rabenbauern Stube, spielte mit den jüngern Mädchen, lehrte sie spinnen, stricken und häkeln. Und Enzl stürmte zwanzigmal im Tage herein, Neuigkeiten bringend, Spiele veranstaltend und so weiter. Mirl, des Raben Älteste, war ihre beste Freundin, Enzi, die Jüngste, ihr „krausköpfig's Schatzerl", Peter ihr guter Kamerad und Hans, der bildschöne, braunlockige, blauäugige, hünengroße Mann, ihr – – – was, das sprach weder sie, noch ein anderer Mensch aus. Fragte indessen jemand darnach, so machte sie ein grimmiges Gesicht, Hans aber schüttelte unwillig die braunen Locken und lachte laut auf.

[10] Tanz nach dem Flachshecheln. (Brecheln = Auslösen der Flachsfasern aus dem Stroh)

68

Diese schönen Locken! Ich habe sie noch, zierlich in Kränze geflochten, zwischen Glas und Rahmen, und weh wird mir um das Herz, wenn ich sie betrachte.

„Solch eine Schönheit von einem Manne mußte so früh ins Grab", sagen die alten Leute jetzt noch, und das Auge wird ihnen naß.

Die gemütliche Räbin, meine Großmutter, mochte Enzl wohl leiden um ihrer Lustigkeit willen, mehr noch aber Leni, welche mit Mirl, Nanni und Enzi so sinnig plauderte, welche mit Peter so kindlich froh scherzte und welche den Hans so sehr lieb hatte. Leni half ihr ja auch die Krapfen, Sträuben und Kränze backen zum Dengelboß[11], Leni teilte Leid und Freud mit ihr, Leni ließ sich sogar herbei, für den Raben den Tabak zu reiben und für Hans dazu. Wie dann ihre schüchternen, grauen Augen glänzten, wenn dieser mit Kennermiene eine Prise nahm und lebhaft Beifall nickte. Er sprach nicht viel, deshalb hatten seine Worte doppelten Wert.

„Wenn mir's Lenei den Tabak reibt, g'freut mi 's Leb'n noch'mal so stark."

Und damit er sich seines schönen Lebens recht freuen konnte, rieb sie ihm den Schmalzler allwöchentlich frisch.

Der Rabenbauer begann alt zu werden, und oft sprach er davon, wie er froh wäre, wenn der Sohn den Hof nähme und heiratete. Hans war ein guter, schaffensfroher Mann, der gerne dabei war, wo es fröhlich herging, der aber vom Heiraten nichts wissen wollte, zumal wenn er Enzl betrachtete, deren große, graue Augen ihn so eigen anblickten. Und sie war doch so ruhig und demütig in seiner Nähe, denn sie liebte ihn ja, wie nur ein Weib ihrer Art lieben kann, – toll, wahnsinnig.

[11] der Ausdrusch des letzten Getreides

Leni hörte geduldig zu, wenn die Schwester ihr gegenüber diesen Gefühlen Luft machte, – und wenn sie mit dem Schwur: „Mein muß er wer'n und gält's mei Seligkeit!" davonraste, dann schlug das arme Mädchen die Hände vor das Gesicht und weinte laut auf. Kam Enzi, der kleine Krauskopf, dazu und fragte mitleidig, warum die Hanserlleni weine, so ward ihr die Antwort:

„O Enzei, vielleicht erfahrst du's selber noch einmal an dir!"

Wieder war ein Jahr dahingegangen, und im Rabenbauerhause bereitete man sich auf eine Hochzeit vor, auf des Hansen Hochzeit. Schreiner, Schneider und Maurer waren da, und jeder kehrte in seinem Fache das Unterste zuoberst. Die Töchter nähten schon an den schönen Kleidern, welche sie am großen Tage tragen sollten, die Mutter wirtschaftete aufgeregt umher, der Alte flüchtete in den verborgensten Winkel, um niemandem im Wege zu stehen, und der Bräutigam eilte in das Wirtshaus des Nachbardorfes, um ruhig hinter dem Kruge sitzen bleiben zu können.

Die Braut war eine Frauenwälderin, eine hübsche Dirne, welche freilich mehr schwarze Löckchen um die Stirn und perlweiße Zähne im Munde hatte, als Taler im Säckel. Sie hatte es dem bisherigen Hagestolz eines schönen Sonntags angetan, so daß es ihn oft und oft hinaufzog in den düstern Frauenwald zu dem einsamen Häuschen, in welchem die schwarze Franzi wohnte. Da hatte kein Warnen und Überreden, kein Bitten und Drohen von Seiten der Eltern und Geschwister mehr geholfen; er wollte einmal keine andere als die Franzi, die gar nicht so leichtsinnig *war, als ihr nachgesagt wurde, und er setzte seinen Willen durch.*

Im ganzen Dorfe sprach man von dem bevorstehenden Ereignisse und freute sich darauf; im Hanserlhause allein wurde jedes Wort sorglich vermieden, welches dasselbe in Erinnerung bringen konnte. Man wußte ja, wie Enzl darüber dachte und was sie fühlte, – doch nein, man wußte es dennoch nicht. Sie lachte und schrie ja den ganzen Tag wie toll, sie sang und jubelte, wie noch nie. Sie fuhr stündlich zweimal wie ein lustiges Gewitter in des Raben Stube hinein, scherzte mit den Mädchen, warf ihnen Näh- und Kleiderzeug durcheinander, sie balgte sich mit dem übermütigen Schreiner, dem sie die noch frische Politur des Nußbaumkastens verdorben hatte, sie lief dann wieder in das Austragshaus zu Leni, welche seit acht Tagen krank im Bette lag und quälte sie so lange, bis sie weinte, worauf sich die Wilde erst für kurze Zeit zufrieden gab.

Leni war krank, kränker als man glauben wollte, trotz der dunklen Röte ihrer Wangen, des hellen Glanzes ihrer Augen.

Als eines Abends sechs böhmische Musikanten durch das Dorf wanderten, auf das Rabenbauerhaus zu, wo heute der Vortanz[12] abgehalten werden sollte, als dann bald die lustigen Weisen des Dudelsackes in ihr dunkles Stübchen herüberklangen, da richtete sie sich im Bette auf und sagte wiederholt:

„Enzl, laß' mir den Pfarrer kommen, mir is net gut." Enzl versprach es, schlang ihr Tuch um den Kopf, band die Sonntagsschürze vor und ging, den Knecht zu holen, welcher drüben tanzte. Vor den Fenstern des Nachbarhauses, welche hell erleuchtet waren und einen

---

[12] Polterabend

Blick in das frohbelebte Innere gewährten, blieb sie wie gebannt stehen. Sie sah Mirl, Nanni und andere Mädchen mit den Dorfburschen tanzen, sah die Alten in fröhlicher Unterhaltung an dem mit allerlei Köstlichkeiten beschwerten Eichentische sitzen, sah Hans mit lachendem Gesichte an der Türe stehen. –

Jetzt öffnete er dieselbe und entschwand so ihrem Blick.

Doch sie mußte ja hinein zum Knecht.

Wie ein nächtlicher Unhold huschte sie um die Ecke der Holzwand und durch das Hoftor, prallte aber plötzlich zurück.

„He, bist du's, Enzl?"

„Ja, i!"

„Warum kimmst denn net zum Vortanz?"

„Zum Vortanz? I, – zu dein Vortanz? Ha, ha, ha, Hans, du bist net g'scheit. – Aber halt, i kimm, – ja, wennst du mit mir tanz'st, Hans, wennst mit mir tanz'st. – So geh, der Pfarrer kann morg'n auch kommen, es is noch früh g'nug, denn 's Lenei stirbt ja net so gleich!"

„Der Pfarrer? – 's Lenei? – Was?"

„Ah geh, die dumm' G'schicht'! Geh, Hans!"

Sie riß ihn gewaltsam mit sich hinein in die Stube.

„An Landler, Böhm', an Landler aufg'spielt für mich und den Hansen!" schrie sie dort.

Sie tanzten ein- zweimal herum, dann blieb Hans stehen und zwang sie in eine Ecke.

„Was ist's mit dem Pfarrer und dem Lenei?" fragte er mit halb scheuem, halb verächtlichem Blick.

„Krank is sie, aber zum Sterb'n net. Sie wird schon wieder."

„So? Wird's? Nachher tanz' nur zu, dort hast ein Tänzer."

Mit diesen Worten kehrte er ihr den Rücken und ging hinaus.

In Lenens Kammer herrschte Stille und tiefes Dunkel. Die Kranke saß im Bette, den Kopf müde an die hölzerne Wand gelehnt, und sah hinaus in die freundliche Nacht, deren zahllose, flimmernde Augen ihre Blicke durch das Fenster erwiderten. Sie harrte auf die Schwester, auf den Pfarrer, doch niemand kam.

Sie wollte weinen, weil man sie so ganz allein ließ, weil sich kein Mensch um sie bekümmerte, aber sie konnte es nicht, und ihre magere, fieberheiße Rechte legte sich zitternd an jene Stelle, wo es so schmerzlich weh tat, wo es so ängstlich pochte.

Endlich, horch – ein Gepolter im Flur, ein Tappen her an der Mauer. –

„Enzl, geh, mir is so bang, i fürcht' mir alloa!" rief sie, den Kopf nach der sich öffnenden Türe wendend, und:

„Lenei, arm's Lenei, bist leicht krank?" tönte es leise zurück.

„Mei Herrgott – Hans, bist es du?"

„Ja, i bin 's. Warum aber lassen's di denn alloa, wennst krank bist?" frug er grollend.

„O mei Hans, – i hab halt neamd – 's Enzl – "

Sie konnte nicht mehr weiter sprechen und sank schluchzend in die Kissen zurück.

Hans suchte ihre beiden Hände und drückte sie warm.

„Sei stad[13], Lenei, woan' net, es wird ja wieder anders. Wennst du amal wieder g'sund bist und wenn

[13] still

73

d' Hochzeit vorbei is, nachher mußt alle Tag' zu uns kommen, mußt mir 'n Tabak wieder reib'n. Wir alle hab'n di dann so gern und tun dir, was wir dir nur vom Aug'n absehn, 's Enzl kann treib'n, was sie will, sie is net wert, daß s' dei Schwester hoaßt."

„Ja, habt's mi denn bisher gern g'habt, Hans?"

„Und wie! Schau, mir geht all'weil was ab, wenn i di net siag, und wennst net bald wieder kimmst zum Tabakreib'n, lauf i noch aus und davon."

„Wirkli? – Ja, i kimm schon wieder, das hoaßt, wenn i noch einmal g'sund werd'. Und heut soll mir der Pfarrer kommen, i hab's dem Enzl g'sagt –"

„Morg'n, Lenei, morg'n! Oder fehlt's dir wirklich so weit? – Nachher geh' i lieber selb'n."

Leni dachte nach, ob sie bis morgen noch warten könne. Vor einer halben Stunde hätte sie „nein" gesagt, jetzt aber, da der unerklärliche Schmerz im Herzen plötzlich wie weggeflogen war, da sich ihr Kopf so frei fühlte, wie seit langer Zeit nicht mehr, zog sie instinktiv dankbar seine Hand an die Lippen und sagte: „Ja."

Als er sich nach einer Viertelstunde wieder entfernte, faßte sie es nicht, wie sie vorher so verzagt hatte sein können. – – –

Am folgenden Morgen kam der Pfarrer. Gerade unterhalb des Dorfes begegnete er dem Hochzeitszuge, dem sechs Musikanten vorausmarschierten, und ehrerbietig kniete alles nieder vor dem Sakramente, das er zu der kranken Leni bringen sollte.

Drei Tage darauf schlummerte diese still und sanft in die Ewigkeit hinüber, und ihr Leib wurde neben die längst vorausgegangenen Eltern gebettet.

„*Ein Engel ist gestorben*", sagten die Leute, „*ein Engel, der zu gut war, an der Seite eines Enzls weiter zu leben und zu dulden.*"

Und Enzl blieb, was sie immer gewesen, ein weiblicher Unhold, dessen einzige sanftere Saite bei dem Jubel jener Hochzeit entzweigesprungen war. Nicht ganz vielleicht, denn als sie ein paar Jahre später am Grabe des Rabenhans stand, den eine heftige Krankheit jäh dahingerafft hatte, da brach sie in Tränen aus, und ihr wildes Schluchzen übertönte den Jammer der Witwe, der Eltern und Geschwister. Ein dürres, vierblätteriges Kleeblatt nahm sie aus ihrem Gebetbuche, warf es in die Grube und wankte aus dem Kirchhofe. –

Nimm ein Holzstück und wirf es mit aller Kraft in das Wasser, es taucht unter, schwimmt aber sogleich wieder auf der Oberfläche dahin. – So war es mit Enzl.

Sie tauchte schnell wieder empor aus der Flut des Schmerzes, doch ohne gewaschen, geläutert worden zu sein; sie schwamm dahin mit immerwährendem Jubel und Jauchzen, dem Strudel zu, der sie hinunterwirbelte.

Nach zwanzig Jahren war ihr Hof verkauft, ihr Vermögen dahin, zum Teil in den Händen falscher Freunde verschwunden, – das einst so reiche, stolze Hanserlenzl war nun eine Quartiererin.

Zehn Jahre noch zog sie jauchzend von Dorf zu Dorf, von Haus zu Haus, das verkörperte, lustige Elend.

Und wie ich sie im Geiste jetzt liegen sehe auf hartem, schmutzigem Bett, die lange Gestalt mit dem großknochigen, gelben Gesicht, welches ein schwarzes Tuch unheimlich umrahmt, da höre ich auch wieder den schrillen, langgezogenen Ton, der ihr Todesschrei war:
„*Juhuhu!*"

Es ist dem unermüdlichen Suchtrieb des leidenschaftlichen Archivmenschen Paul Praxl zu danken, dass wir seit kurzem auch einen Bericht des Herausgebers Karl Weiß-Schrattenthal besitzen, der im Sommer 1897 Gusti Unertl und vor allem Emerenz Meier im Bayerischen Wald besucht hat. Paul Praxl fand diesen überaus interessanten Text in der Zeitschrift „*Wiener Mode*", 13. Heft, XII. Jahrgang, 1898/99:

Die Touristen, die aus den Süden kommen, um den Dreisesselberg zu besteigen und von seinen Höhen die von Adalbert Stifter so unvergleichlich schön geschilderten landschaftlichen Reize Oberösterreichs, des Böhmer- und des bayerischen Waldes zu bewundern, nehmen den Weg gewöhnlich über Passau, von wo aus sie durch eine Flügelbahn in nördlicher Richtung nach dem Markte Waldkirchen gebracht werden.

In den Ferialmonaten des Jahres 1897 hatte ich die Absicht, mit meiner Eheliebsten von Pressburg aus die Fahrt an den Rhein zu unternehmen. In Passau machten wir Halt, denn wir wollten auf einige Tage nach Waldkirchen gehen, um dort eine Dame zu besuchen, deren Vermittlung ich die Bekanntschaft mit der Wäldlerdichterin Emerenz Meier verdankte, besonders aber, um diese bäuerliche Poetin persönlich kennen zu lernen, deren Erzählungen aus dem Leben des dortigen Landvolkes mich so gefesselt, daß ich dieselben veröffentlichte.

Im Gasthofe „Zur Post" hatten wir uns häuslich niedergelassen, blieben mehrere Tage, gaben noch einige zu, und endlich wurden es sechs Wochen, die wie im

Traume vergingen. Der Rhein mit seinen Wundern war vergessen – und wir hatten nichts zu bereuen – hier fanden wir billige Unterkunft, frische Bergesluft und liebe, gute Menschen.

So lernten wir denn auch Emerenz Meier kennen, die vom Landvolke wohl auch die Wirth-Cenz genannt wird, weil ihr Vater, bevor er sein Anwesen an den Schwiegersohn abtrat, der seine älteste Tochter Petronella heimführte, Dorfwirth zu Schiefweg war, in welchem Orte die Dichterin am 8. October 1874 geboren wurde.

Ihr Vater hatte sich in Oberndorf ein anderes Gewese mit Feld und Wald erstanden, das, ungefähr eine Stunde von Waldkirchen entfernt, den gegenwärtigen Aufenthalt unserer Emerenz bildet. Wie soll ich sie schildern? Das meinen bescheidenen Zeilen hier beigefügte Bild kann natürlich den innigen, treuen Ausdruck ihrer himmelblauen Augen nicht wiedergeben, kann die Anmuth nicht ahnen lassen, die um ihren frischen, kirschrothen Mund schwebt – sie ist mit einem Worte ein blitzsauberes Mädel, ein herziger Schatz. Natürlich lenkten wir öfter unsere Schritte nach Oberndorf und verplauderten einige Stunden mit der Mutter und den beiden Schwestern unserer Emerenz in der großen Bauernstube, aber nie, ohne vor dem Abschiednehmen auch noch ihrem Dichterstübchen, das im ersten Stocke eines Nebenhauses liegt, einen kurzen Besuch abzustatten. Dieses ist nur nach Absolvierung einer etwas steilen und schmalen Treppe zu erreichen; aber der schwere Aufstieg ist lohnend, denn oben ist alles so nett, so anheimelnd, so sauber wie die Inhaberin selbst. Außer den sonst in einer feineren Bauernstube selbstverständlichen Möbeln erregten unsere Aufmerksamkeit der

einfache Schreibtisch und ein daneben stehender Glas-
schrank, der die kleine Bücherei der Besitzerin bildet.
Da sehen wir mit Erstaunen: das „Nibelungenlied“,
Tacitus’ „Germania“ und dergleichen Werke; freilich
nur in Reclam’schen Ausgaben, aber – was thut’s?
Die Augen eines frischen Wäldlermädchens vertragen
diesen kleinen Druck. Emerenz, die solche Werke mit
Vorliebe liest, die einen markigen, schönen, hochdeut-
schen Styl schreibt, ja, die auch manch ein melodiöses
Verslein verfaßt, spricht nur in der Mundart des bayrischen Waldes. „Ja, wie kommt denn das?“ fragen wir
erstaunt. – „Na, dös han i in der Schul g’lernt,“ ist die
erklärende Antwort.

Auf dem Schreibtische liegen auch einige Bleistift-
zeichnungen, Copien aus illustrirten Zeitschriften.
„Wan i a bißl Zeit han, mach i gern solche Sachen,“
meint sie auf unsere fragenden Blicke und will die
Bildchen verschämt zur Seite räumen. Also auch zeich-
nerische Begabung? Ich erfahre nun, daß ihre Freunde
den Versuch gemacht, sie zur Ausbildung ihres Talentes
nach München zu senden; aber die liebe Cenz war in
einigen Tagen wieder daheim im Walde. In „Münka“
waren ihr die Straßen zu eng, die Häuser zu hoch, die
Luft zu dumpf, die Berge fehlten. Ja, im bayrischen
Wald, in dessen saftig-grünen Wiesen, in dessen wogen-
den Feldern, in dessen selbst bis auf die höchste Spitze
des Dreisesselberges sich erstreckenden, mächtigen
Tannen- und Fichtenbeständen sich die kleinen Weiler
wie Steinoasen ausnehmen, dort sind die von Bergen
und Hügeln umsäumten Thalstraßen freilich breiter,
da dehnt sich die Brust, da athmet das Menschenkind
frische Luft und Freiheit.

Nun hätte ich aber über die Persönlichkeit der bäuerlichen Poetin genug erzählt, die mir und meiner Frau seither eine liebe, treue Freundin geworden, deren Anhänglichkeit wir vom ganzen Herzen erwidern; die geduldigen Leserinnen der „Wiener Mode" wollen nun auch etwas über die dichterische Thätigkeit unserer Emerenz hören. Mein Urtheil über ihre schriftstellerischen Leistungen habe ich ja dadurch gefällt, daß ich vier ihrer Erzählungen in meinem Bande herausgab. Wie sehr ich mich freute, daß auch eine ernste Kritik mein günstiges Urtheil zu dem ihren machte, brauche ich wohl nicht erst zu betonen. Gerne berufe ich mich auf das Urtheil des Kritikers Franz Wolff, der eine eingehende Besprechung des anziehenden Buches mit den Worten schließt: „Unsere Dichtung hat viel von fremden Einflüssen zu leiden gehabt, im eigenen Lande waren manche bestrebt, der Poesie ihr Grab zu graben; so lange sie aber noch so mächtig im Volke lebt, graben sie vergeblich. Emerenz Meier ist eine Berufene; möge sie sich ihre Natürlichkeit bewahren zu ihrem eigenen Heile, zu unserer Freude."

Und nun zum Schlusse noch ein Stimmungsbildchen aus ihrer Dichtermappe, das ich hier mit dem Wunsche wiedergebe, die lieben Leserinnen möchten es nicht versäumen, durch die Lektüre der Erzählungen „Aus dem bayrischen Walde" auch die Bekanntschaft mit Emerenz Meier zu machen; sie werden es gewiß nicht bereuen:

Spinnabend

*Die Stub' ist warm, der Span loht auf,
Nun laßt die Räder kreisen!*

Der Bube legt die Zither auf
Und singt die alten Weisen,

Singt von der todten Müllermaid,
Vom jungen Königssohne,
Von scheuer Schmuggler Lust und Leid
Und von der Schlangenkrone.
Die Stube wird zum Märchenland,
Spinnrad zum Zauberrädchen,
D'ran spinnen sich ein Feengewand
Die traumbefang'nen Mädchen.

Die Zither klingt, das Lied erschallt,
Die Spinnerinnen lauschen,
Und um das Haus der Nordsturm hallt –
Im Schnee die Wälder rauschen.

Das von Weiß-Schrattenthal angefügte Gedicht *„Spinnabend"* von Emerenz Meier lässt sich damit als ein ganz frühes vor 1897 entstandenes Poem der Dichterin einigermaßen sicher datieren und zeigt zugleich augenscheinlich, zu welch hervorragenden Leistungen auch auf dem Gebiet der Lyrik die junge Frau schon damals befähigt war. Viele ihrer späteren Themen, etwa das von den alten Weisen und Märchen, von der Müllermagd, dem Schmuggler oder der Schlangenkrone, sind bereits wie Akkorde angeschlagen, um später in verschiedenen Texten weiter zum vollen Klingen und Leben erweckt zu werden.

Ein Medizinstudent wandert zum „*Dichterweib*"

Hans Carossa (1878–1956), ab Herbst 1897 Student der Medizin in München, hat das im November 1896 erschienene Buch der Emerenz Meier schon bald nach dessen Erscheinen gelesen. Vielleicht lag es schon zu Weihnachten 1896 unter dem Seestettener Christbaum der Arztfamilie; Dr. med. Karl Carossa, der Vater, war literarisch ein sehr interessierter und gebildeter Mann, besonders angetan gerade auch von der zeitgenössischen heimatlichen Dichtung.

In einem Brief an seinen Landshuter Freund Fritz Kaufmann schreibt Carossa am 26. Februar 1898 aus München in Sachen Emerenz-Buch folgendes:

„*Ich las die Erzählungen einer Volksdichterin ‚Emerenz Meier' aus dem bayr. Wald, u. hörte nicht auf dieses reizendste aller Talente zu bewundern. Vorn war das Bildnis des Bauerndirndls zu sehen, das mir auch nicht übel gefiel. Gleich mach ich ein Gedicht, u. schreibe einen Brief an sie mit der bescheidenen Bitte Sie besuchen zu dürfen. Bald kam ihre Antwort, rührend schlicht u. bescheiden. Ich möchte doch ja sicher kommen, das Gedicht habe sie ganz u. gar nicht verdient usw. Gleich in den Osterferien geh ich hin.*"

Vier Wochen später wird der geplante Besuch Carossas in einem weiteren Brief (25. März 1898) an den Freund Kaufmann noch einmal erwähnt:

„*Wenn mir meine Gesundheit erlaubt zur neulich erwähnten Dichterin im Wald einen Ausflug zu unternehmen, dann teil ich Dir den Verlauf unserer Zusammenkunft mit.*"

Wann diese Zusammenkunft „*gleich in den Oster-ferien*" genau stattgefunden hat, wissen wir nicht. In einem Brief an Kaufmann vom 15. Oktober 1898 bestätigt Carossa aber die Realisierung seines Vorhabens mit den Worten:

„*Von der Volksdichterin Emerenz Meier glaube ich Dir schon geschrieben zu haben und nächstens sollst Du mehr von dem genialen Bauerndirndl hören! Wir haben uns in den drei Tagen so tief durchdrungen und liebgewonnen, daß wir die Fühlung wohl niemals wieder verlieren werden.*"

Für die Beziehungsgeschichte Emerenz Meier/Hans Carossa ist auch ein Nachtrag Carossas zu einem ungefähr auf Spätherbst 1898 zu datierenden Brief an Emerenz von besonderer Bedeutung. Er wird daher hier in seiner Gänze zitiert:

Nachtrag vom Dienstag Abend.

Leider ist mir wieder die verdammte Sezierwoche in Deinen Brief gekommen und hat ihn zum Stocken gebracht. Wunder ists keins. Bei mir ist Alles, was andere in zwei Jahren fertig bringen, auf eines konzentriert, weil ich voriges Jahr zu fleißig war.

Keine Ruh bei Tag und Nacht!

Nichts was mir Vergnügen macht!

Nun manches doch! Mit inniger Wehmut schaue ich manchmal auf das letzt begonnene Manuskript, das ich gern zum Ende brächte, wenn ich nur zwei ruhige Tage hätte, kein Menschenzerschneiden, keine Freunde, die mir plötzlich ans Fenster schlagen, als wäre die Pest los und mich antreiben. Ich gesteh Dir aber, daß ich meistens recht gern mitgehe. Auch nach meinen

Freundinnen fragst Du mich! Nun, Deine Neugier ist nicht gering! Aber die Freunde sind Dir vielleicht doch interessanter. Höre: Ich verkehre mit einigen Juristen, die ich noch vom Pennal her kenne, Kerle, mit denen sich's nicht übel leben läßt, so lange sie fleißig Collegia schwänzen und der Giftdunst des bürgerlichen Gesetzbuchs ihre Sinne noch nicht umdüstert hat. Das wenn einer hat, dann gut Nacht! Hat man sich früher seine Streiche bei Bier und Tabak einander erzählt und herzlich belacht, plagt sie jetzt schon der Satan, daß sie bei jedem Pfifferling den „einschlägigen" Gesetzesparagraphen vorzerren u. mit wichtiger Miene sagen: Das ist eigentlich grober Unfug etc.

Von zu Hause hab ich nun die definitive allerhöchste Bewilligung zur Reise nach Oberndorf in den Weihnachtstagen. Hurrah. Sag dem Mareile, es soll um Schnee beten! Ich möchte gar zu gern ein bißl einsinken! Nur kein Tauwetter! Das wär perfid!

Du, noch was will ich Dir sagen! Daß ich die Drohnen der menschlichen Gesellschaft nicht minder verachte wie Du, diese mein ich, die oft nur – nein das darf ich Dir gar nicht sagen, Du würdest rot werden – – – – – ihr Dasein verdanken, – heiliger Gott! Du wirst doch nicht glauben, daß ich für d i e schreibe? – Ich schreibe für gar niemanden als für mich! Daß Dus weißt! Für Dich noch allenfalls! Ich will auch gar nicht unglücklich sein, wenn mich niemand liest, ich will nur den Jugendsturm meiner Individualität ausleben, leben mit aller Gewalt und wenns manchmal noch so verrückt ausschaut!

Heut erhielt ich die Nachricht vom deutschen Dichterheim, daß es aufhöre zu existieren. Also kommen

auch die Gedichte nicht raus! Bin zu Tod froh! Leider
lag eine Mahnung bei, ich solle nachträglich das Abon-
nement zahlen. Unverschämt! nicht?

Meine Mama läßt Dich herzlich grüßen. Warum,
Unselige, kommst Du nicht nach München?

Und wenn Du einen Weihnachtswunsch hast, so
schreib mirs! Gell?

Grüße mir Deine Lieben recht schön, sag ihnen, d.h.
bereite sie mit rücksichtsvoller Schonung darauf vor,
daß ich im Dezember zu ihnen komme wie die Itta
zum Reutbauern. D e r Vergleich!

Besondern Gruß an Dich und Marie, die Jungfrau
von Orléans!

Dein Hans

Inzwischen schrieb mir Frau Hertrich wieder.

Der zwanzigjährige Medizinstudent Hans Carossa – er befindet sich im dritten Semester – schreibt
in diesem Brief sehr direkt, unkonventionell, ju-
gendbewegt und begeistert. Die bürgerlichen Jura-
studenten sind ihm ein Dorn im Auge, da sie schon
jetzt – noch während des Studiums – vor allem ihre
Paragraphen im Kopf haben.

Auch *„die Drohnen der menschlichen Gesellschaft"*
– der Begriff kehrt mehr als 40 Jahre später im Lebenserinnerungsbuch von 1941 wieder – sind Ge-
genstand seiner Verachtung, eine Einstellung, die
ihn zu dieser Zeit eng mit Emerenz verbindet.

Man ist sich einig, mit diesen Leuten nichts zu
tun haben zu wollen, man lebt *„mit aller Gewalt"* für
sich, vom *„Jugendsturm"* der *„Individualität"* bewegt,
„und wenns manchmal noch so verrückt ausschaut!"

Für Emerenz Meier ist der vier Jahre jüngere Carossa in dieser Zeit ein „g'schmacher Bua", der für sie schwärmt, auch wenn er bei anderen als „ein so arger Freigeist" gilt. „Mir gefällt er ausnehmend gut und er ist ja noch sehr jung, es muß und wird sich noch manches in ihm klären." – so schreibt Emerenz am 21. September 1898 an Franz Xaver Danzer.

Freundschaft, Sympathie, Zuneigung, sicher auch Liebe waren in diesen ungefähr sieben Jahren einer näheren Beziehung wohl auf beiden Seiten vorhanden. Gut vierzig Jahre später, in Carossas Lebenserinnerungsbuch „Das Jahr der schönen Täuschungen" (1941), stellte der Dichter Hans Carossa die Begegnung mit Emerenz und überhaupt seine Beziehung zu ihr sehr viel nüchterner und distanzierter dar.

Im Buch wandert der junge Carossa erst im August 1898 zum ersten Mal von Seestetten zu Fuß hinauf in den Bayerischen Wald nach Oberndorf, um die berühmte Dichterin persönlich kennen zu lernen und sich im Gespräch mit ihr wohl auch über die eigene Zukunft klarer werden zu können. „Verliebe dich nicht ins Dichterweib!" hatte Carossas Schwester Stephanie scherzend ihrem Bruder zum Abschied noch zugerufen.

Carossa schildert die „Pilgerschaft" zur „sanften Rebellin" im Kapitel „Die Wanderung" seines Buches. Wenn Carossas Darstellung, wie Paul Praxl richtig bemerkt, Dichtung und Wahrheit gleichermaßen enthält – was schon aufgrund der zeitlichen Distanz zwischen realer Begegnung und literarischer Erinnerung nicht anders möglich sein kann –, so diagnostizierte der Arzt Hans Carossa den inneren und äußeren Zustand seiner Gesprächspartnerin von damals doch auch im Nachhinein sehr treffend.

Er beschreibt Emerenz zunächst äußerlich als *„groß gewachsen und [...] sehr stark [...]"* mit *„blaugrünlichen Augen, die so sanft schauen, daß man ihre prüfende Schärfe nicht gleich bemerkt"* und sieht *„über ihrer Stirn eine eigene Klarheit"*, [...]. *„Im übrigen benahm sie sich so bescheiden wie ihre Mutter"*, [...] und räumte für Carossa ihr Dichterstübchen als Nachtquartier für ihn. *„‚Auch mein Schreibtisch steht dir zur Verfügung', sagte sie, ‚keine Schublade ist verschlossen, in der mittleren liegen die Briefe, du kannst alle lesen, in meinem Leben gibt's kein Geheimnis.'"*

Auf einer nächtlichen Wanderung erzählt Emerenz ihrem Gast auf lustig-heitere Art von ihrem Leben, so dass Carossa nicht sofort erkennt, *„daß es ein schweres Leben war"*. Er bewundert ihre sehr guten Kenntnisse der zeitgenössischen, auch ausländischen Literatur und kennzeichnet wohl treffend ihre *„Doppelnatur"*: *„Man konnte nicht fraulich sanfter und verträumter aussehen als die Senz, dennoch wurde sie von allem unbändig Aufrührerischen hingerissen. Auch sie hoffte auf eine neue, eine wahrere Menschheit, erwartete sie aber nicht wie unsereiner von einer Läuterung einzelner Seelen, sondern [...] von einer gewaltigen Umschichtung der gesamten Volksmasse, und seltsam hörte sichs an, wenn sie mit gutmütig murrender Stimme so recht verstandesmäßig gegen die Drohnen der Gesellschaft eiferte, die sie doch nur aus Büchern kannte."* Senz, *„die sich über das allgemeine Weltunrecht erbitterte"*, erzählt Carossa auch von ihren dichterischen Plänen im Anschluss an die uralten Prophezeiungen und Märchen im Wald und bekennt, dass sie – trotz einer immer noch bei ihr vorhandenen Befähigung zum Beten – *„ein ziemlicher Freigeist sei"*. Eines ihrer urchristlichen Bekenntnisse zitiert Carossa sogar wörtlich: *„In den Zeiten der Christenverfolgung wäre ich wahrscheinlich die allerleidenschaftlichste Jesuskünderin gewesen, hätte mich wilden Tieren hinwerfen lassen, läge in einer Katakombe begraben. Damals war die Kirche arm und ohne weltliche Gewalt, da hätte ich ihr angehört mit Haut und Haar."*

Nach dem nächtlichen Gang Carossas mit Emerenz, *„wo sie dem kaum Angekommenen so freimütig einen Blick in ihr Leben gegönnt hatte"*, trifft man sich bei einer Hochzeitsgesellschaft in Waldkirchen wieder. Dabei konstatiert der genaue und gute Beobachter, dass Emerenz nun, sozusagen in der Öffentlichkeit des Dorfes, ganz anders auftritt: *„Verbindlich und etwas verschmitzt lächelte sie den eifrigen Fragern zu und ließ sich nicht auf ausführliche Beantwortungen ein."* Emerenz ist also schon frühzeitig in der Lage, zwei Rollen zu spielen und auszufüllen, eine private und eine öffentliche, wobei Carossa als der Gast, der von auswärts kommt, schon bald *„die furchtbare Einsamkeit"* erkennt, *„von der sie doch gezeichnet war"*.

In die Schilderung der Heimkehr von der Hochzeitsfeier legt Carossa noch eine weitere, abschließende Beurteilung der Emerenz ein: *„[...] ich glaubte der Senz ins Herz zu sehen. Wenn sie so in ihrer schönen Volkstracht zwischen Wald und Getreide dahinging, so durfte man sie für eine selige Verdichtung ihrer Heimat*

*halten; sie war es auch, aber am ehesten dann, wenn
sie in ihrem Stübchen saß und Geschichten schrieb.
Außerhalb der so beschäftigten Stunden konnte ich sie
mir nicht glücklich denken. Der zeitweilige Zwang zur
Bauernarbeit drückte sie gewiß am wenigsten; er wurde
ihr auch nur noch an entscheidenden Tagen zugemutet,
wo auf jede Hand gezählt werden mußte.*

*Störender mochte schon die wachsende Zahl der Be-
sucher sein, obgleich sie davon schwieg, vielleicht aus
Takt, weil ich ja selbst zu den Belästigern gehörte. Hat
ein Dichter ein gewisses Maß von Wirkung erreicht,
so wird sein fertiges Werk immer Freunde finden; sein
werdendes aber hat keinen, ja oft scheinen die entle-
gensten Mächte gegen das neue Sprossen verschworen.
Der seltene Vogel singt aus der Verborgenheit in die
Zeit hinein, unter denen aber, die auf ihn horchen,
sind immer auch solche, denen sein Lied nicht genügt;
sie wollen lieber mit ihm plaudern als ihn singen hören,
möchten auch sein Urteil über andere Singvögel erfahren, auf jeden Fall ihn sehen und ihm womöglich, zum
Andenken, ein lebendiges Federchen aus dem Gefieder
zupfen. Ist er nun zu seinem Unglück so veranlagt,
daß ihm dies Gezupfe wohltut, oder leidet er an jener
zu großen Höflichkeit, die ihm verwehrt, einfach auf
Nimmerwiedersehen davonzufliegen, so kann er eines
Tages nacktgerupft sein und über vielem Reden seine
Melodie verlernt haben.*

*Der Senz durfte man zutrauen, sie werde diese leidi-
ge Gefahr überwinden; es gab jedoch größere, die in ihr
selber lauerten. Unmut lastete auf ihren Tagen, und
der Wanderer, der unberatene, der gekommen war, um
bei ihr Bestärkung und Frieden zu finden, der ging*

jetzt, ohne dessen recht inne zu werden, als der fester
Gefügte, Gesündere neben ihr. Ihre Verfassung war
nicht schwer zu durchschauen. Jene seltsame Überein-
stimmung mit allem Aufrührerischen, der kindliche
aus Manifesten übernommenen Glaube an die Grün-
dung eines Reiches der Gerechtigkeit durch Worfelung
der Gesellschaft, das Rauschbedürfnis, die Freude an
dunklen Gewaltnaturen, dieses alles hing in der Tiefe
mit einem Mangel an Fundament zusammen; es war
da eine wunde, lockere Stelle, die wahrscheinlich nicht
einmal durch die Liebe hätte geheilt werden können.
Aus den ‚aufgemalten‘, also den sogenannten braven
Männern machte sie sich ja nichts; von den triebhaft
wilden aber, die sie anzogen, hatte sie wohl nur Leiden
zu erwarten. Ein älterer, in sich ruhender Freund wäre
ihr vonnöten gewesen, der ihr immer wieder zeigte, wer
sie war.‘‘

Carossa sucht die verzagte Emerenz gegen Ende
des fast schon therapeutisch zu nennenden Gesprächs aufzumuntern, etwa durch den Hinweis
auf die der Emerenz wohlbekannte freie, dichterische Existenz einer Selma Lagerlöf. „*Gegen die
Lagerlöf bin ich ja nur ein Kannixl*‘‘ bekommt er
darauf zur Antwort und auch den Hinweis, ihre
getrübte Stimmung komme vom Weingenuss. Sie
will von dem Gesagten, ihrem „*Wasch*‘‘, nichts
mehr hören und bringt rasch das Gespräch auf ihre
dichterischen Zukunftspläne in Sachen „*Die Nat-
ternkrone*‘‘. Es gelingt ihr dabei, Carossa ganz zu
bezaubern und zu glauben, die vorherige Rede von
Auswanderungsgedanken nach Amerika „*sei nur
ein Luftgebild gewesen*‘‘.

Auch am Tag darauf, als er Oberndorf und die Meiers verlässt, glaubt er im Gespräch mit der besorgt pessimistischen Mutter der Emerenz immer noch an eine gute Zukunft für die Dichterin. *„Ich sprach von dem glücklichen Erzählertalent ihrer Tochter, das von Jahr zu Jahr immer stärkeren Widerhall finden werde, wenn man es nur vor Störungen schütze."* Die Sorgen der alten Frau Meier konnte Carossa damit nicht zerstreuen. Er selbst wollte aber wohl in dieser Stunde des Abschieds daran glauben bzw. 1941 seinen Lesern diesen Eindruck vermitteln.

Viele Jahre danach, als Emerenz längst gestorben ist, schreibt Carossa am 10.8.1934 an seine spätere zweite Ehefrau Hedwig Kerber – und irgendwie klingt der Satz doch etwas nach einem Schuldbekenntnis: *„Seltsam, daß ein Mensch, der längst vermodert ist, einem nun auf einmal so namenlos leid tun kann, nachdem man sich zu seinen Lebzeiten viel zu wenig um ihn gekümmert hat…"*

Die endgültige Geschichte der Beziehung Emerenz Meier/Hans Carossa muss wohl erst noch geschrieben werden!

Wo bleibt das 2. Buch?

Der Buch-Erstling von 1897 wurde zwar von der Kritik sehr gelobt und von Dichtern – schon etablierten und auch künftigen – hochgeschätzt, ein finanzieller Erfolg wurde er aber nicht, weder für den Verleger, noch für die Autorin. Ersterer, Carl Oppermann, schrieb am 9.6.1899 an Emerenz: *„Von den in Sa. M 644.- betragenden Unkosten sind M 514.- eingekommen, so daß noch M 130.- zu decken wären."* Außerdem monierte er, *„daß Bauer's Buchhandlung Waldkirchen sich keine neuen Exemplare kommen läßt".* Wahrscheinlich sind die Schulden von „M 130.-" noch heute nicht beglichen, vielleicht hat aber auch Emerenz oder einer ihrer Gönner der jungen Dichterin den Betrag übernommen? Wir wissen es nicht! Klar ist nur, dass der Plan zu einem zweiten Buch, von dem im Brief des Verlegers Oppermann vom 9.6.1899 auch die Rede ist, niemals verwirklicht wurde.

Wirklichkeit war aber sehr wohl die Bekanntheit, Berühmtheit und Beliebtheit der jungen Dichterin in der Stadt – und das hieß vor allem in Passau! Dort wurde sie – vor der Jahrhundertwende – von der Männerwelt, den Honoratioren der Stadt, geradezu umschwärmt, was sie mit Recht auch genossen hat.

Sie sah gut aus, hatte sich mit dem Buch einen Namen gemacht, ihre Photographie prangte auf der Adolphschen Bildpostkarte von Waldkirchen ebenso wie an den Uhrketten der reichen Herren, die ihr den Hof machten. Kurz: sie war also ein Star, ein lokaler, regionaler zwar nur, aber eben doch eine

junge Frau, die die starren Normen ihrer Welt wenig
beachtete und – trotz ihrer Arbeitsverpflichtungen
auf dem elterlichen Anwesen in Oberndorf – ein
sehr viel freieres Leben führen konnte, als die meisten ihrer Geschlechtsgenossinnen.

Diese waren eifersüchtig und neidisch auf sie,
die sich nicht an die alten Regeln hielt. Emerenz
hat diese Erfahrung schon bald in einem Gedicht
verarbeitet. Es erwähnt den 1899 veröffentlichten
unterhaltsam-humoristischen Gesellschaftsroman
„Das dritte Geschlecht" des 1893 bis 1899 in München lebenden witzigen Erzählers und Dramatikers
Ernst von Wolzogen (1855–1934), dürfte also kurz
nach 1899 geschrieben worden sein.

Wenn sich ein Weib aus der Herde hebt
und nicht nach der alten Schablone lebt,
Dann soll's von der Menge gesteinigt werden,
Wie es Gesetz ist und Brauch auf Erden.

Doch gab man ihm eine Gnadenfrist,
Solang es jung und sauber ist,
Erst wenn sich's zur alten Jungfrau entwickelt,
Wird es gekreuzigt, darauf zerstückelt.

Und hat sich ein Mann ein Weib erwählt,
Das mehr versteht als er von der Welt,
Mag es sein Haus sonst auch wohl verseh'n,
Der Scheidung soll nichts entgegensteh'n.

Denn der Mann sei weise, das Weib sei dumm,
Solch alte Gebote stößt man nicht um,

Heißt doch in jedem Fall er der Ernährer,
Auch wiegt sein Gehirn um einiges schwerer.

Und wenn von dem Alten Testament,
Man sonst schon das meiste erlogen nennt,
Die eine Wahrheit bleib unberochen:
Gott schuf die Eva aus Adams Knochen.

Zuviel ist dem Weibe bereits erlaubt,
Die Türkin trägt heut noch im Sack ihr Haupt.
Hier will sie Arzt sein und Pillendreher,
Lehrer, Jurist und Schaltersteher.

Gefährdet durch Weibes Intelligenz
Ist heut der Männer Existenz,
Ihr Ansehen flieht wie der alte Glaube
An ihre Kraft und ans Glück der Haube.

Doch tausend noch halten am alten Recht
Und schreien: Nieder mit dem Geschlecht,
Dem dritten, Wolzogens Kampfgenossen,
Es sei verachtet, verfemt, verstoßen.

Ja, fort mit jeder, die emanzipiert,
Auf selber gebahnten Pfaden irrt,
Man schichte Scheiter, man werfe Steine,
Denn die Welt schuf Gott, für den Mann alleine.

Die angesehenen Passauer Bürger fanden großen Gefallen an der emanzipierten Dichterin und luden sie gerne in die Stadt ein, um sich mit ihr zu schmücken. Und die Passauer Presse berichtete darüber.

Die „*Donau-Zeitung*" etwa vermeldete unter dem 29. Januar 1899, dass Emerenz von einem Verehrerkreis zu einem geselligen Abend in der „Alten Post" (heute Sparkasse Ludwigstraße) eingeladen war, und stellte fest, die „*begnadete Schriftstellerin ist trotz ihres schon weit über Bayerns Grenzpfähle hinausgedrungenen Ruhmes ein menschliches Waldmädchen geblieben*".

Eine Woche später (8. 2. 1899) schrieb Emerenz aus Oberndorf eine Dankeskarte an den damaligen Direktor der Innstadt-Brauerei AG Carl Angermann, der vermutlich der Initiator und Financier der Einladung gewesen war, auf der sie ihrem Gönner folgende Zeilen widmete:

> „*So lange Passau solche Bürger hat,*
> *Die nicht allein mit Mannes-Rat und That*
> *Eintreten für sein Wohl zu jeder Frist,*
> *Die es auch mit solch feinem Quell versorgen,*
> *Wie er der Innstadtbrauerei entfließt,*
> *So lange ist, bei Gott! es wohl geborgen.*
> *Drum, theure Freunde all, stimmt mit mir an:*
> *Ein Hoch dem lieben Herrn Direktor Angermann!*"

Nebenbei, die leicht abgewandelte Verszeile „…*ein feiner Quell, wie er der Innstadt-Brauerei entfließt*" diente der Brauerei noch in den siebziger und achtziger Jahren des 20. Jahrhunderts als verkaufsfördernder Slogan.

Emerenz wollte aber mehr sein als ein kurzzeitig gefeierter Star! Ihr schwebte eine einigermaßen gesicherte und einträgliche bürgerliche Existenz, etwa als Gastwirtin oder als Redakteurin in der Stadt vor, mit der sie ihre künstlerischen Ambitionen vereinbaren konnte.

Die einige Jahre zuvor Ludwig Liebl gegenüber brieflich geäußerte Zufriedenheit, zu Hause in Oberndorf bleiben und dort lernen zu können, war inzwischen längst vorüber. Sie wollte die Enge der Heimat überwinden und tat vieles – auch mit Unterstützung von Gusti Unertl –, um dieses Ziel zu erreichen. Dabei erkannte Emerenz sehr früh, dass man seine wahren Einstellungen und Beweggründe nicht überall und jederzeit frei verkünden durfte, vor allem auch nicht in der bäuerlichen Welt des Waldes.

Familiäre und gesellschaftliche Rücksichten, Stimmungsschwankungen und Existenzsorgen forderten zudem immer wieder von ihr, eine andere – zweite oder dritte – Emerenz zu geben. Und so spielte sie ihre Rolle gekonnt als Mischung von robustem und trinkfestem Dichterweib, kraftvollem und natürlichem Bauerndirndl und lebenslustiger „Emanze“, die sich nichts aus *„Kraft-Genies und Übermenschen“* vom Schlage eines Heinrich Lautensack machte.

Ein Beispiel für ein solches Spiel in der Öffentlichkeit war wohl ihr von Gusti Unertl vermittelter Auftritt am Königlichen Hof in München bei Prinzessin Therese und Prinz Dr. med. Ludwig Ferdinand von Bayern 1899, der ihr ein Stipendium einbringen sollte und den Eduard Stemplinger in seinem *„Immerwährenden Bayerischen Kalender“* folgendermaßen schilderte:

„Prinz Ludwig Ferdinand lernte die Waldler-Dichterin Emerenz Meier in München kennen und wollte

sie in seinen Haushalt aufnehmen. Er fragte die von Gesundheit Strotzende nach dem Grund ihres prächtigen Aussehens. ‚Weil i alle Tag meine drei Maß Bier trink', erwiderte sie lächelnd. Darauf sagte der Prinz zu seiner Gattin, einer spanischen Prinzessin: ‚Siechst, das mußt du noch machen; dann kommst auch zur bayerischen Stärke.'"

Das erhoffte Stipendium blieb allerdings aus, und die vom Prinzen generös angebotene Stelle im höfischen Haushalt soll Emerenz mit folgenden Worten zurückgewiesen haben: *„Deswegen, königliche Hoheit, brauch ich net nach München gehen – des kann ich daheim auch tun."* Die 200 Goldmark aus der Privatschatulle des Prinzregenten hat Emerenz zwar angenommen, am deutlichen Urteil über die Mitglieder des Hauses Wittelsbach änderte das aber nichts. Sie hatte sich *„unter erbärmlichen stupiden Menschen"* gefühlt und schrieb weiter an Carossa:

„Auf der Reise hatte ich allezeit Umbringungsgelüste, nur daß ich sie verhehlte und ihnen nicht frönte. Wenn ich letzteres gedurft hätte, lebte jetzt manche erbärmliche, dumme Seele nicht mehr." (Brief vom 17.10.1899)

Das neue Jahrhundert fing gut an für Emerenz Meier. Wenn es auch zu keinem neuen Buch reichte, überregionale Zeitschriften wie *„Das Bayerland"* und Kalender wie das Organ *„Neuer Passauer Schreibkalender"* brachten immer wieder Geschichten der Oberndorfer Dichterin. Die geschäftstüchtige Emerenz scheute sich auch nicht, eine Geschichte unter einem neuen Titel in einem anderen Blatt zum zweiten Mal erscheinen zu lassen.

In der 2. Hälfte des Jahres 1900 verließ Emerenz zum ersten Mal für längere Zeit ihre Bayerwaldheimat, allein und ohne Unterstützung etwa der Freundin Gusti.

Im Herbst 1900 begab sich Emerenz für einige Monate nach Würzburg, auf Einladung von Seminarlehrer Albert Miller und seiner Familie, die auch zu den eifrigen Waldkirchener Sommerfrischlern und Bewunderern der Dichterin zählten. Der Aufenthalt in Würzburg – mit Unterkunft im Haushalt der Familie Miller – sollte Lern- und Bildungszwecken dienen. Während die ersten Eindrücke von der neuen Umgebung und ihren Gönnern in den Briefen an Gusti noch recht positiv ausfallen und Emerenz freudig und dankbar auf die angebotenen Lerninhalte wie Buchführung, Maschinenschreiben, Englisch, Französisch, Geographie sowie eine mögliche spätere Anstellung reagiert, wird die Einschätzung ihrer Bildungsreise später zunehmend distanzierter.

Einige Mitglieder der Familie Miller, vor allem der Seminarlehrer und seine Tochter Franziska, werden ihr mehr und mehr zuwider, weil sie von diesen so streng überwacht und geschulmeistert wird und sie diese „andichten" soll und ihr deren bigottes Verhalten auf die Nerven geht. Noch dazu ist „Buttermilch" das Lieblingsgetränk der Familie, eine Zumutung für die trinkfreudige und lebenslustige Wirtstochter aus dem Wald!

Einzig und allein der um ein Jahr ältere Sohn des Hauses erhält ihre Sympathie, ja sogar Zuneigung und Liebe, leider ist der aber ein katholischer Priester, der nur selten in Würzburg anwesend sein kann.

Emerenz und ihr Seminarpräfekt Hugo Miller aus Neuburg a. d. Donau spielen der Familie eine Komödie vor, und Emerenz schreibt ganz eindeutig-zweideutig an die Freundin Gusti: *„Ich wenn den Hugo bekehren könnte, ich thäte es! Laßt mich nur einmal seine Pfarrerköchin werden!"*

Und überhaupt hegt sie schon einige Tage nach der Ankunft in Würzburg das Gefühl: *„Hier in Franken werde ich nur eine fade Pris!"* Da helfen auch keine literaturwissenschaftlichen, philosophischen und theologischen Vorlesungen bei Prof. Herman Schell, keine entsprechend hochgeistige Lektüre und auch nicht die leidenschaftliche Liebe zu einem armen Lehrer namens *„Schorsch"* oder die in Aussicht stehende Heirat mit einem, der Geld hat und ihr einen Gasthof kaufen würde.

Emerenz kann sich nicht entscheiden und hofft, dass ihr die Passauer Freunde Amtsrichter Niederleuthner, Malermeister und Magistratsrat List und Brauerei- und Gutsbesitzer Hellmannsberger in der Dreiflüssestadt ein Wirtsgeschäft verschaffen können, am besten die Gastwirtschaft „Zur Felsen-Liesl" in der Ilzstadt. Der Plan kann zwar nicht realisiert werden, aber Emerenz kehrt doch froh und glücklich, das Würzburger *„Martyrium"* hinter sich gebracht zu haben, im Dezember 1900 nach Niederbayern zurück, nach Passau, dann nach Oberndorf und dann nach Straßkirchen bei Passau, wo sie im Haus von Hellmannsberger eine Anstellung findet und endlich wieder auch zum Dichten kommt.

An Auguste Unertl
Würzburg, 7. Nov. 1900.
Liebe Gusti!

G'schwind alle hiesigen Merkwürdigkeiten. Herr
Seminarlehrer war letzthin noch kränker als gewöhn-
lich, hatte furchtbar Diarrhöe und meinte den Tod vor
Augen. Jetzt ist er wieder auf, aber noch unausstehli-
cher wie sonst; – ein entsetzlicher Leutequäler. Hugo
hätte vor ca. 8–14 Tagen Hofgeistlicher werden mö-
gen, ich mußte deswegen an einem Abend 5 Briefe mit
Verhaltungsmaßregeln und etl[iche] Telegramme nach
Neuburg befördern. Er reiste nach München, derweil
war ihm schon einer zuvorgekommen. Seither kommen
tägl[ich] 3–4 Briefe von ihm an seine Eltern. Was er
wohl soviel zu schreiben haben wird! Papa schimpft
nach jedem Brief, schreibt aber ebenfalls so viel. Mama
hat von ihrer Mutter 50 000 M geerbt. Papa schimpft
wütend in sie hinein, daß sie selbst an dieser „Enter-
bung" schuld sei, es hätte 3x mehr sein können. Aber
diese verfluchte Verwandtenbande wollte auch jedes
sein Teil. – Ist eine nie zu verzeihende Gemeinheit von
Mamas Geschwistern. Mama seufzt und duldet still.
Die Arme ist schon halb tot gequält.

Ich sollte letzthin die Hälfte des Kurshonorars dem
Lehrer zahlen. Herr S. hatte doch früher, eh ich
hieher kam, immer gethan, als ob er mir die Schule
bezahlen würde. (Ich wollte es übrigens nur geborgt)
Aber nein. Er sagte, er wollte mirs für die paar Tag
leihen u. dann sofort an meinen Vetter Pfarrer Maier
schreiben, daß er ihn bezahlt. Ich war ganz betäubt,
denn Pfarrer Maier hatte zu mir gesagt, ich solle ihm
nie um was kommen, später, wenn er stirbt und bleibt

ihm was, krieg ichs schon. Nun meinte ich mir durch Herrn S. Forderung auch diese Hoffnung vernichtet. Derweil schickte mir der Herr Pfarrer das Geld wirklich!!! Wie es mich freute, kann ich Dir nicht beschreiben. Ich gabs sofort Herrn S. und bin nun froh, daß ich wenigstens da nichts auf dem Gewissen habe vor dem alten Juden. Kost u. Wohnung zahle ich einstens genau ab. Nur das kann ich ihm nie bezahlen, was ich durch ihn bereits hier gelernt habe. Nämlich, freundlich dreinzuschauen, wenns mir auch inwendig kocht und stürmt, Schmeicheleien zu sagen, wenn ich am liebsten einen gewissen Jemand kalten Blutes abdrosseln könnte; es mit glücklich scheinenden Blicken zu ertragen, wenn ringsum mich Herrn S.s Genien, die Dummheit, die Eitelkeit, die Frechheit und der Egoismus ihre nervenzerrüttenden Tänze aufführen. – Franziska ließ mich bis vor 14 Tagen wenigstens bei Nacht in Ruhe, jetzt ist auch das vorbei. Alle 10 Min[uten] wacht sie auf und schreit, daß ich so laut schnaufe u.s.w. Dann hat sie beständig Diarrhöe, ich muß mich stundenlang bei Nacht zu ihr vor die Abortthüre hinstellen, während sie sch... und Märchen dabei liest.

Wenn Frau S. nicht wäre, diese Seelengute, ich liefe heut noch fort. Aber dieser ist ohnehin so bang, es möchte mir nicht behagen. Sie thut mir alles Liebe.

Mein hiesiger Bekanntenkreis wird immer größer. Kürzl[ich] lernte ich auch Hugos Tante Marie[!] nebst ihrer Nichte kennen; das sind 2 liebe Frauenzimmer und sehr lustig. Tante M. vertraute mir viel von Hugo (Er hats bei ihr und ihrer Nichte grad so gemacht wie bei Dir und mir, hat ihnen die gleichen Briefe geschrie-

ben, ist in ihren Betten über Nacht gelegen usw.)[!]
„Ja", sagte Tante Marie – übrigens keine rechtmäßige,
sondern eine sehr „entfernte Tante", da könnt' ich Ih-
nen noch viel, viel erzählen!" Und wenn Sie wüßten
welche Briefe!!

Der verflixte Hugo!! – Ich habs übrigens gewußt, –
machte mir nie über ihn Illusionen. Sinds die nicht,
sinds andere. Er ist eben nicht mehr als ein Mandl und
ein sehr schwachmütiges noch dazu. – Tante M. ist eine
glühende Feindin Herrn S.s und Franziskas. Sie geht
ihnen nur selten ins Haus. Überh[aupt] ist Herr S. in
der ganzen großen Verwandtschaft gehaßt und gemie-
den, – mit vollem Recht. – Hugo und seine Mutter
aber von allen geliebt.

Mama trug mir auf, Dich zu bitten, für Franziskas
hochinteressantes Album ein Gedicht zu machen, denn
wenn Du kommst, hast Du keine Zeit zum Dichten.
Sei also so gut. –

Muß ich auch meine „Zuwidersten" jetzt zu ihren
beiden Geburtstagen wieder andichten. Ich möchte ganz
was andres. – Die Angerers sind die fadesten Prisen, die
mir schon lang untergekommen sind. Ihr Schmeicheln
widert mich an. Die 3. Schwester, Frau Oberstabsarzt
Bögele, ist noch die annehmbarste. Überhaupt nehmen
die hl. alten Jungfern hier kein Ende.

Ich hab mich jetzt in meinen Lehrer verliebt! – Hab
aber nix davon. – Muß wohl oder übel wieder zu Hugo
zurückkehren, „denn etwas muß der Mensch hab'n".
Das ist Brief No. 1 und enthält all die aufgespeicher-
te Galle von 4 Wochen. Brief No. 2 schreib ich heut
Abends noch. Jetzt gehts in die Schule.

Fortsetzung] f[olgt].

Liebe Gusti, nachdem ich Brief No. eins 2T[a]g[e] in der Tasche herumgetragen, kann ich erst No. 2 anfügen. Schlecht werden beide geschrieben sein, verzeihe es! – Doch weiter:

Kürz[lich] hab ich den Professor Schell[1] auch kennengelernt, der ist ein sehr redlustiger Herr und ganz nett. – Ferner den Stadtpfarrer von Meiningen, hiesige angesehene Professoren, lauter Pfaffen. – Auch ein paar junge lebenslustige Franziskanerpatres. –

Den Apotheker Langenbrunner hab ich schon in allen Apotheken gesucht, vergeblich. Er ist nämlich nicht mehr da, wo er früher war.

Liebe Gusti, in meinem letzten Brief hast Du mich mißverstanden. Direkt heim will ich ja nicht, lieber alles als das, aber es wär mir halt recht, wenn mein herzensguter Hellmannsberger bald ein Wirtsgeschäft für mich ausfindig machen könnte. Mit der Buchhalterei ists eben so: Ich krieg ja gar keine Stellung als Buchhalterin, bevor ich nicht ein paar Jahre Ladenmädel u. so was gewesen bin. Bei der großen Bewerbung von allen Seiten ist es nicht möglich ohne Zeugnisse und geschäftl. Routine unterzukommen. Ich soll mich also als Dienstbot nochmal so lang herumhunzen lassen? Ach es wär gar nicht nötig, wenn Hellmannsb[erger] meinen Wunsch erfüllen wollte. Als Ladenmädel werde ich bald alt und vergrämt sein. Als junge fesche Wirtin dagegen hab ich in ½ Jahr einen Hochzeiter, ists „was der Wöll" für ein Esel, wenn er nur Geld hat. – Denn nur einen solchen heirath ich. Ich pfeif auf die Lieb, die ist ohnehin nur eine temporäre Erscheinung wie

---

[1] *Universitätsprofessor Herman Schell (1850–1906), bei dem Emerenz Vorlesungen über Literatur, Philosophie und Theologie hörte; ab 1884 bis zu seinem Tod Professor für Apologetik, christliche Kunstgeschichte und vergleichende Religionswissenschaften in Würzburg.*

*beim Kaninchen auch, oder eine Einbildung. Wenn ich
der elenden Geldsorgen einmal los bin kann ich später
immerhin auch wieder von Liebe träumen. – Hellmannsberger hat mir letzthin geschrieben, er schaut
sich schon um was um für mich, nur wär es so schwer,
was passendes zu finden. Ach wenn er doch nicht wäh-
lerisch wäre und Vertrauen in mein Wirtsgenie setzte!
Niederleuthner miniert in Bischofs Umgebung wegen
der Felsenliesl[2], er hätte mich so gern dahin an Stelle
der jetzigen Pächterin.*

*Liebe Gusti, wie gehts denn dir? – Heut Nacht hat
mir geträumt, toll, daß Du ein Kind bekommen hast.
Ich wartete Dir aus und machte Kindswärterin, hatte
aber große Not mit dem schreienden Balg. So deutlich
sah ichs, daß ich sein Gesichtl zeichnen könnte. – „Was
soll der Traum bedeuten?"*

*Die Mari[3] in München hat jetzt gottlob einen
Platz.*

*Gelt Du warst bei Hellmannsberger, aber Er war
nicht zuhaus, nur sie die fade Pris. Auf die pfeif ich ohnehin, die soll froh sein bei ihrem Spatny. (Der schreibt
mir manchmal Karten.) Hellmannsberger selbst ist ein
echter treuer Freund, auf den ich mich jederzeit verlassen kann.*

*Grad sind vom Hugo wieder 3 Briefe kommen, alle
Tag kommen ganze Päcke. – Ist das ein Kerl. Heute
schreib ich ihm auch ein paar Zeilen, wenn ich Luft
habe. – Den könnt ich aufzwicken, – aber ich mag
nicht. Den Angerers schreibt er auch, Frl. Kathinka
hat mir gestern wieder einen Brief von ihm gezeigt, nur*

---

[2] *„Felsenliesl" = Wirtshaus in Passau-Ilzstadt, das Emerenz gerne als
Pächterin geführt hätte.*
[3] *Maria Meier, Schwester der Emerenz*

mich und wahrscheinl[ich] auch Dich, laßt er jetzt im Stich.

Muß ihm wieder was vorschwärmen.

Ach wenn ich nur meinen Lehrer herumkriegen könnte! Aber der thut, als ob er mich täglich fressen, mindesten beißen möchte. Es ist ein gar schöner aber beständig mürrischer Kerl. Halt weil er so arm ist. — Er kocht sich selbst und ich muß oft heiml[ich] lachen, wenn er mit seinen Töpfchen so herumklappert in der armseligen Stube, in ders auch so sonderbar riecht. Eine andere Schülerin, ein sehr hübsches Fräulein hat sich auch in ihn verliebt und zwar schon vor mir. Das macht nix, sie muß mir doch weichen, wenn er überhaupt eine mag.

Gelt, ich bin ein entsetzl[iches] Weibsbild, ist gut, daß die Thaten meist hinter meinem Willen zurückbleiben.

Aber nun schließ ich. Doch sei vorher nochmal aufs dringendste gebeten: Schreib, ob und wann Du kommst. Und ob Du denn nicht mit Hugo zu gleicher Zeit kommen kannst. — Das würden so selige Tage!

Lebe wohl, grüße Deinen Eheherrn von mir und sei selbst vielmals aufs allerherzlichste gegrüßt von

Deiner

treuen Emerenz.

Vergiß das Gedicht nicht für Franziskas Album.

„Theaterdichterin" und Gastwirtin in Passau

Nach Emerenz Meiers Rückkehr aus Würzburg verschaffte ihr der Direktor des Passauer Stadttheaters, Franz Baudrexler, zusätzliche Bekanntheit, als er zwei Erzählungen der Dichterin dramatisierte und diese – mit ihrem Namen als Verfasserin versehen – als Volksstücke auf der Passauer Bühne aufführen ließ. So wurde aus der Erzählung *„Aus dem Elend"* das Stück *„Die Böhmin oder Itta aus dem Elend",* das am 18. Dezember 1900 in Anwesenheit der Dichterin sehr erfolgreich im überfüllten Haus uraufgeführt wurde; und aus der Emerenz-Meier-Geschichte *„Der G'schlößlbauer"* machte Baudrexler ein gleichnamiges Volksstück mit Gesang, uraufgeführt am 3. Januar 1902. Beide Male wurde die Autorin als vermeintliche Theaterdichterin begeistert und stürmisch gefeiert, mit Lorbeerkränzen und lauten Hochrufen geehrt und auch von der Theaterkritik durchwegs gelobt.

Direktor Baudrexler brachte beide Stücke danach auch in seinem Bühnenverlag heraus, gab dabei Emerenz Meier wiederum fälschlicherweise als Autorin der von ihm verfassten Dramatisierungen aus, vergaß es aber, der Dichterin Belegexemplare der Bücher zukommen zu lassen.

Nicht vergessen hatte er dagegen vorher, der Autorin brieflich gute, theaterwirksame Ratschläge zu geben, etwa doch möglichst grellere Effekte bei der Textproduktion zu verwenden: *„Sie erzählen zu viel! Mehr Handlung! ... Alles harmlose vermeiden. Nehmen Sie Anzengruber z. Beispiel."*

Ob solche Ratschläge die Zustimmung der Dichterin fanden, ist mehr als fraglich. Baudrexler musste jedenfalls seine Theatertexte, wie er schrieb, selbst „zurechtmodeln", und in ihren späteren Briefen findet man kein gutes Wort der Emerenz über den umtriebigen Theatermacher, der im April 1903 Passau wieder verlassen hatte.

In diesen frühen Jahren des 20. Jahrhunderts befindet sich Emerenz auf dem Zenit ihrer lokalen Berühmtheit. Im Herbst 1901 hält sie sich beispielsweise im Haus von Guts- und Brauereibesitzer Karl Hellmannsberger in Straßkirchen bei Passau (heute „Gutsbräu" Straßkirchen) auf. Sie arbeitet im Haushalt der Familie mit, fühlt sich aber recht glücklich im Vergleich zu ihrer Heimat in Oberndorf.

Dies hängt sicher mit ihrem freundschaftlichen bzw. wohl auch Liebes-Verhältnis zu Hellmannsberger zusammen, aber auch damit, dass sie als Lokaldichterin nun eine gefragte und begehrte Adresse darstellte. Ihr Gedicht „*Herbstwinde weh'n und Abendwolken zieh'n*" wird, wie viele ihrer Texte später, vertont und im Dezember 1901 bei einem Konzert der Passauer Liedertafel uraufgeführt. Emerenz ist endgültig als Dichterin in Passau angekommen. Und im Sommer 1902 konnte sie dort endlich auch als Gastwirtin agieren.

Lied

Herbstwinde weh'n und Abendwolken zieh'n
Rotleuchtend über schwarzen Wäldern hin.
Schön war der Tag, doch Ruhe bringt die Nacht.
Nun sage Herz, was dich so traurig macht?

Ist es der Sommer, der dahingeschwunden
Mit seiner reichen, überlauten Lust? –
Sind es der Jugend vollgenoss'ne Stunden?
Was ist, was ist es, daß du weinen mußt? –

Mein Blick trank nie der Sonne vollen Glanz,
Und meine Freude, niemals war sie ganz.
Die Liebe kam, die Liebe ging, ein Traum,
Im tiefsten Innern mich berührend kaum.
Jetzt aber steh ich zitternd und beklommen:
Ich seh vor mir ein übermenschlich Glück.
Bald hätt' ich's, ach, mit Jauchzen hingenommen,
Da hielt das Schicksal meine Hand zurück. –

Die Abendwolken geh'n im stillen Zug,
Ein Sonnenkuß war ihnen Glück genug.
Die Dämmerung durchleuchtet sie verklärt, –
Wär' wohl auch ich den Sonnenkuß noch wert? –
Zu spät, – das Glück, das selig aufgegangen,
Vergeben ist's und nimmer wird es mein;
Es darf mir nur als Stern am Himmel prangen,
Stets hoch und fern, und einsam muß ich sein.

Im Sommer 1902, genau am 1. Juli, übernahm
Emerenz Meier, dabei tatkräftig unterstützt von
Passauer Honoratioren wie Niederleuthner, List und
Angermann sowie dem Bräu Hellmannsberger aus
Straßkirchen, die kleine Schifferkneipe *„Zum Kop-*
penjäger" in der Passauer Altstadt, heute Anwesen
Bräugasse Nr. 21. Doch Emerenz wollte dort nicht
bloß Gastwirtin sein, ihr schwebte vor, in dem klei-
nen Wirtshaus ein *„Künstlerheim"* (Donau-Zeitung,

1.7.1902) zu errichten. Dieses ambitionierte Vorhaben der noch nicht ganz 28-jährigen war aber wohl von vornherein zum Scheitern verurteilt.

Viele der bisherigen Gäste, z. B. die durstigen Schiffsleute und Hafenarbeiter, die dem Lokal den notwendigen Umsatz gebracht hätten, blieben nach und nach aus, die Künstler, die die dichtende Wirtin sehen und hören wollten, zechten wenig. Dazu kam, dass die Emerenz sich nicht scheute, einige ihrer Gäste zu vergraulen, indem sie diesen deutlich ihre Verachtung zeigte. So beschimpfte sie frühpensionierte Offiziere als Drohnen der Gesellschaft, was zur Folge hatte, dass noch weniger Gäste bei ihr einkehrten.

Die Gedichte „*Peter (I und II)*", „*Hans*", „*Lajos*" und „*Beppo*", die in dieser Zeit entstanden sind, zeigen aber, dass es bei der Wirtin Emerenz Meier durchaus auch lustig und gesellig zugehen konnte, wenn die richtigen Gäste beisammen saßen.

Nebenbei: Ob mit dem „Hans" im dritten Gedicht wirklich Hans Carossa gemeint ist, wie manchmal behauptet wird, ist nicht gesichert!

Peter

I

Wenn Peter weint, der junge Friaulaner,
Dann weint der Himmel, weint die ganze Erde.
Die Blumen weinen, senken tief die Köpfchen
Und schluchzen leis: Ach, Peter, Peter weint!
Warum denn weint der frische, schöne Bursche?

Es scheint geformt sein Mund doch nur zum Lachen,
Und sonnig sind die tiefen braunen Augen,
Die Wangen rot, das Herz noch unberührt!

„Ich kenne eine kleine Annemone",
Sprach jüngst die Rose, die wohl eifersüchtig;
„Die hat den Peter just am hellen Tage
Mit ihrem Duft ganz toll und voll gemacht.

Seitdem steh'n Tränen stets in seinen Augen,
Die er sich vor dem Spiegel schmachtend fortwischt
Mit einem blütenweißen Taschentüchlein. –
Ach, Peter, unser Peter ist verliebt!"

II

Jung und wie ein Knösplein unversehrt,
Trat ich einst in diese eure Schenke,
Lieben, heiß zu lieben, habt ihr mich gelehrt,
Schreien möchte ich, wenn daran ich denke.
Denn was ihr erweckt, mögt ihr nicht stillen,
Und was ihr versprochen, nicht erfüllen,
Was heut Ernst euch war, sind morgen Schwänke.

Schaut mein Antlitz, einst so frisch, nun bleich!
Arm und elend bin ich und verlassen,
Nur durch euch, Madonne, nur durch euch!
Traurig schleich ich durch die dunklen Gassen.
Weiß nicht, wo ich nun das Haupt hinlege,
Sterben möchte' ich, sterben da am Wege
Und bis in den Tod euch bitter hassen.

Doch ich kann's nicht, brennend steigt mir auf
Nur der eine Wunsch, bei Euch zu weilen;
Immer wieder geht zu euch mein Lauf,
Bis eu'r Wort mich zwingt, hinwegzueilen.
Lockt zum Tor mich nachts des Stroms Gebrause,
Hört der Morgen mich vor eurem Hause
Bitten stammeln, meinen Schmerz zu heilen.

Hans

Hans, was sagte die Mutter zu dir,
Als sie dich so besoffen sah?
Hans, was sagte die Mutter da?
Hans, wie kamst du ihr für? –

Sagte die Mutter: „Du volles Schwein,
Warst wohl wieder bei Emerenz,
Die dein Verderben, o Gott, ich kenn's,
Und dein Ende wird sein!"

Lajos

Unter meinen Gästen allen haben heute
Ungarburschen mir gefallen, stramme Leute!
Ungarsonne in den Adern und im Blick
Und zum Scherzen wie zum Hadern eig'nen Chic.
Einer drunter, hier im Städtchen viel umworben,
Hat mein braunes Küchenmädchen ganz verdorben.
Lajos sagte, daß er weine oft um sie,
Doch die argverzogne Kleine glaubt' es nie.

Schilt er: *„Kenn' ich braunes Kätzchen, süß und schmei-*
chelnd,
Spielt mit ihrem weißen Lätzchen, Unschuld heu-
chelnd!
Bleib' ich aber, hab's geschworen, nicht mehr hier,
Bin kein Schatz mit lange Ohren, sag ich ihr!"

Beppo

Mit Grübchenwangen und schlauen Blicken
Weiß Beppo alle Mädchen zu berücken;
Er sitzt und sinnt und hängt den dunklen Kopf,
Der junge, schöne Friaulanertropf!
Ein heimlich Lachen scheint ihn stets zu schütteln,
Ein lieblich Fühlen stets ihn zu durchrütteln; –
Läg' auf der Straße tot er, glaub ich doch,
Er lachte sein vergnügtes Lachen noch.

Seit kurzer Zeit erst wissen wir, dass Emerenz Meier
eine ihrer besten Geschichten noch in ihrer Passauer
Zeit geschrieben und sie von dort nach München an
die Redaktion der zweimal täglich erscheinenden
„Münchner Neuesten Nachrichten" geschickt hat. Paul
Praxl hat nach tagelanger, augenmörderischer Suche
im Stadtarchiv München den weiß auf schwarz ver-
filmten Jahrgang 1903 dieser Zeitung durchforstet
und ist fündig geworden. Die Geschichte *„Der Bua"*
ist in der Sonntags-Ausgabe vom 27. September 1903
der *„Münchner Neuesten Nachrichten"* (56. Jahrgang/
Nr. 451) auf den Seiten 1 und 2 erschienen.

Ich halte diese kurze, aber hart-realistisch erzählte Geschichte für die beste der jungen Dichterin. Die Hauptfigur ist eine 18 Jahre alte Kleinhäuslerstochter im Wald, die soeben von einem gesunden Buben, eben dem „Buam", entbunden wurde, mit Hilfe einer Hebamme, die gerade zufällig des Weges kam. Die junge Frau ist allein auf sich gestellt, der Kindsvater hat sich aus dem Staub gemacht, der eigene Vater verachtet die ledige Mutter. Das alles wird in einer sehr deutlichen Sprache dargestellt; die wörtlichen Reden in der Mundart wirken lebensecht, nie gekünstelt. Die eingeschobenen Liedtexte charakterisieren ihre Sänger noch zusätzlich sehr deutlich. Und die traurig-derbe Geschichte hat sogar ein hoffnungsvolles Ende, das stimmig erscheint und gut nachvollziehbar ist. Wie gesagt, – ein kleines Meisterwerk der jungen Passauer Dichterin und Gastwirtin.

Der Bua

„An Buam hast!" sagte die Hebamme, das eben erst zur Welt gekommene, leise krächzende Kind schnell in die nächstbeste Leinwandschürze schlagend und auf den Tisch lagernd. „A Mordstrumm Buar is's. Na, der stirbt dir g'wiß net!"

Die junge Mutter wischte sich den Schweiß aus dem runden, erhitzten Gesicht und erhob sich ein wenig, um sich den Wunderbuben, der nicht sterben sollte, selbst anzusehen. Aber mit beiden Händen drückte die Hebamme sie in die Kissen zurück.

„Ob'st di' net stad[1] haltst, du dumm's Ding! Ob'st du net lieg'n bleibst, heut' und morg'n und übermorg'n!

[1] still

Mit oan' Rucker kannst di' verderb'n, und da will i'
koa' Schuld net hab'n dran, verstehst es!"

„Jessas, kegl' dir doch 's Mäul net aus!" rief Resei mit
einer Stimme, der man es anhörte, daß sie gewohnt war,
in den Bergwäldern zu jodeln und zu jauchzen. „Daß
i' mi' ebba nimmer rühr'n derf weg'n dem Buam! So
zoag mir 'hn doch wenigstens her, daß i' sehg, was er
für a G'sicht anmacht!"

„Wann er g'waschen und eing'fatscht is", fertigte die
Alte sie kurz ab und wandte sich dann zu dem Neu-
geborenen.

Es war ein heller Maimorgen. Vor den kleinen
Fenstern der schwarzen, dumpfen Stube blühte und
blitzte es, und in den im duftigsten Weiß prangen-
den Kirschbäumen draußen vollführten die Vögel ein
Lärmen, daß es dem Resei ein Hohn dünkte auf seine
zwar noch nicht ganz klar erfaßte, aber jedenfalls
sehr unangenehme Lage. Die rosakattunenen Bettvor-
hänge ließen sie selbst wie ein junges, rundes Röslein
erscheinen, das ungünstige Witterung nur ein wenig
allzufrühe erschlossen hatte. Denn ein grämlicher Zug
lag um ihren Mund, und die vergißmeinnichtblauen
Augen blickten nicht gerade dankbar auf die Hebam-
me, welche den Buben badete und darauf kunstgerecht
einwickelte.

„An Buam!" dachte Resei, während ihre feinen Brau-
en sich zusammenzogen. Sie ballte das grobe, blauka-
rierte Kissen unter ihren Kopf und überlegte, was sie, die
kaum Achtzehnjährige, wohl jetzt anfangen sollte mit
einem Buben. Sein Vater war ein lustiger Bursche, dem
das bißchen, was er sich als Knecht verdiente, von einem
Sonntag auf den andern nicht reichte. Vom Heiraten

konnte demnach keine Rede sein. Außerdem war er ihr schon längst nicht mehr treu, wie sie wohl wußte. Die Person, welche ihr dies zum erstenmal mitgeteilt, hatte sie kurzerhand geohrfeigt. Später hatte sie sich allerdings selbst von der Wahrheit des Geredes überzeugen können, und sie war vor Zorn und Schmerz darüber fast bettlägerig geworden. Ach Gott, was hatte sie nicht schon alles ausgestanden wegen dem Buben! Die Schläge vom Vater, als sie eines Tages ihren Dienst verlassen und ihn um Aufnahme in seinem Häuschen bitten hatte müssen. Dazu den Spott der Leute und den Hohn der Burschen, die ihr allnächtlich Trutzlieder sangen vor ihrem Kammerfenster, einmal sogar vor aller Welt im Wirtshause:

*„Und 's Dirndl hat mir d' Liab aufg'sagt[2]
Unter der Stiag'n.
I' soll mir um an G'vattern schau'n
Und um a Wiag'n.*

*Aber i' schau mir um koan' G'vattern,
I' schau um koa' Wiag'n.
I' schau mir um an anders Dirndl
I' wir' schon oans kriag'n.“*

Ja sogar der Vater des Kindes selbst hatte mitgesungen.

Resei ballte in der Erinnerung daran die Fäuste, und in ihrem allmählich blasser werdenden Gesicht zuckte es von bösen Wettern im Innern.

„Na wart' nur, Schuft, meineidiger!“

Da legte ihr die Hebamme ein längliches Bündel auf die Bettdecke mit den Worten:

[2] *gekündigt*

„So, da hast'n, dein' Buam. I' muaß aber jetzt glei'
schau'n, daß i' 'hn zu der Tauf trag'."

So neugierig, so über alle Maßen verwundert hatten
Reseis blaue Augen wohl noch nirgends hingeguckt wie
jetzt auf den Buben. Huh, wie rund und überrot das
Gesicht und wie dumm! Wie verflixt ihr selber ähnlich,
bis auf die Augen, die – Resei fühlte es wie einen Dorn
im Fleisch – schwarz waren wie Holunderbeeren. Aber
wenn er sie zumachte, wie eben jetzt, merkte man
nichts davon.

„Bua", rief sie lachend und ihn schüttelnd, „dei'
Glück, daß d' dein' miserabligen Vatern net gleich-
siahgst, sunst gang's dir schlecht, dir, ja!"

Nun, weil er seinem Vater nicht ähnlich sah, ging es
dem Buben verhältnismäßig sehr gut. Die Hebamme
räumte alles hinaus, was nicht hereingehörte, denn
Resei besaß weder Mutter noch Base. Nur einen gries-
grämigen Vater hatte sie, der in früher Morgenstunde
fluchend fortgegangen war und sich seither nicht mehr
hatte sehen lassen. Wäre die Hebamme nicht gerade
zufällig am Häuschen vorbeigegangen, dann hätte sie
keinen Menschen gehabt in der Stunde der Not. Viel-
leicht hätte sie auch niemanden gebraucht. Ihr Körper
war von klein auf nie gepflegt und doch schön und
elastisch geworden. Sie hatte in den schlimmen letzten
Monaten schwer arbeiten und sich plagen müssen und
fühlte sich doch jetzt weder müde noch leidend.

Als die Hebamme mit dem Kinde fort war, rutsch-
te sie aus dem Bett, schlüpfte in den Unterrock und
begannen, in der Stube Ordnung zu schaffen. Dann
holte sie aus dem angrenzenden Verschlage eine Heu-
schwinge, legte ein Kissen hinein und ein leinenes

Tüchlein darüber und dachte, daß dies eine prächtige Wiege abgebe für den Buben. Jetzt verspürte sie aber auch einen argen Hunger, sie hatte ja seit gestern nichts mehr gegessen. Sie begab sich auf die Suche nach etwas Eßbaren, fand aber nichts als einen vertrockneten Knödel aus Roggenmehl und ein Stück Brot, das Gott weiß wie lange schon in der Schublade des Tisches gelegen.

„Reiche Bäuerinnen oder gar Prinzessinnen bekämen jetzt wohl Kaffee und Kuchen", dachte sie neidvoll während des Essens. Indessen schmeckte ihr auch das Vorhandene trefflich, und als sie mit ihrer Mahlzeit fertig und wieder ins Bett geschlüpft war, sah sie so unschuldig aus wie etwa ein Kätzchen, das sein Mäuschen gefressen und sich die Pfoten reingeleckt hat.

Der Herr Pfarrer, so berichtete die zurückgekehrte Hebamme, hatte aber anders aufgedreht wegen dem Buben. Nach Ablauf von vierzehn Tagen möge sich Resei auf seinem Zimmer einfinden, warum, das könne sie sich schon denken. Was sie, die Hebamme, selber anbelange, so verbitte sie es sich ganz energisch, daß Resei ihr ein zweites Mal komme. Denn man habe doch nur Verdruß und Schererei mit den ledigen Bamsen. Im übrigen möge sie, nämlich Resei, auf ihre Gesundheit achtgeben und sich vor der Einsegnung am Altare[3] nicht viel vor den Leuten sehen lassen, damit ihr kein böser Blick schade. Ins Kindsbad sei jedesmal Weihwasser zu spritzen, auch dürfe die Wäsche ja nicht im Freien, sondern nur am warmen Ofen getrocknet werden, sonst bekomme der Bub das „Nachtgeschrei" usw. Der Kleine sei durch die heilige Taufe von aller Erbsünde gereinigt und ein Kind Gottes geworden und habe nach seinem Großvater den Namen Johann Baptist erhalten.

[3] kirchliche Reinigungszeremonie

Resei sagte der weisen Frau einen schönen Dank und sie würde ihre Schuldigkeit schon machen, sobald sie nächstens wieder fähig wäre zum Arbeiten.

Nun war sie mutterseelenallein mit ihrem Buben, von welchem nur das rote Gesicht, die kleinen Fäustchen und ein Büschel dunkler Haare zu sehen waren. Alles übrige war in Kissen und Linnen versteckt. Resei schaute und schaute ihn an, es war ihr zumute, als müsse sie dem Ding da einen Kuß geben. Es war so weich und warm, sie legte es eng zu sich und schaukelte es in den Armen. Wie hilflos doch der Kleine war! Wenn ihr z. B. jemand was zuleide tun wollte, dann konnte sie sich ganz kräftig wehren, Ohrfeigen austeilen, Nägel und Zähne einsetzen, Haare und Bart ausreißen usw. Auch hatte sie es in scherzhaften Balgereien gelernt, den Gegner mit einem flinken Stoß gerade so zu treffen, daß er unbedingt fallen mußte. Der kleine „Hansei" da aber mußte alles über sich ergehen lassen, was man ihm antat.

„Na halt's Mäul, Bua!" tröstete sie ihn, als er, erwachend, zu krächzen anhub. „Halt's Mäul und sei stad. Iatzt derweil hilf dir i', und wannst d' amal größer wirst, dann richt' i' di' schon aso ab, daß d' alles drunter und drüber haust, was dir net recht is. Dann wer'n mir 's aa dein' lumperischen Vadern schön geb'n, was eahm gebührt."

An ihrer Brust schlief er wieder ein, und Resei versank, regungslos zur schwarzglänzenden Stubendecke emporstarrend, in dumpfes Brüten. Zuletzt aber entschlummerte sie auch. –

Als sie wieder erwachte, schimmerte bereits das Abendrot durch die kleinen Fenster in die schwarze

*Stube herein. So still war es, nur die Uhr tickte eintönig
an der Wand. Eine große Traurigkeit beschlich sie, denn
niemand war da, dem sie ihren Buben hätte zeigen können. Wenn doch wenigstens ihr Vater gekommen wäre
und über ihn einen kurzen Lacher ausgestoßen hätte!
Aber der blieb aus, und Resei fühlte sich mit ihrem Kinde von Gott und der ganzen Welt verlassen.*

*„Herrgott, is dös a Kreuz!" stöhnte sie, wand sich
aus dem Bett und trat an eines der Fenster, um es zu
öffnen.*

*Das Lenzenhäusel stand einsam am Abhang des
Neufangerberges, das Dorf Neufang unten im Tale
verbarg das Gehölz. Aber andere Dörfer und Märk-
te konnte man im Ring der bewaldeten Höhen genug
sehen. Dazu blühende Felder, Höfe, Weiler –*

*„Herrgott, so groß die Welt und soviel die Leut', aber
i' und mei' Bua hab'n nix und neamden*[4]*, mir zwoa
han muadaseel'nalloa'!"*

*Wimmernd klangs durch die Stube, und zugleich
wimmerte auch die sich öffnende Türe. Der Lenzenhäusler, ein magerer, schwarzer Kerl, kam mit Säge
und Axt von der Arbeit zurück. Ein scheuer Blick
seiner dunklen Augen flog über das sich ihm darbieten-
de Bild, dann wandte er sich jäh ab, während es sich
zischend seinen zusammengebissenen Zähnen entrang.*

„Malefizluader, schlecht's!"

*So hatte er sie genannt, sooft er sie geschlagen. Mochte
er sie jetzt wieder schlagen, es war ihr schon alles gleich.
Sie erwartete schon seine Faust, aber dieselbe kam
nicht. Und als sie endlich halbblind aufblickte, sah sie
den alten Mann auf der Ofenbank sitzen und weinen,
weinen wie ein Kind.*

[4] niemanden

118

„Vatei!" schrie sie, „woan' net! I' bitt di' um Gott'shimmelswill'n, woan net! Schau', i' tua's ja mei' Lebtag nimmer, aber nur dös oane Mal verzeihg mir 's!" Sie wollte zu ihm hin und seine Knie umfassen, aber der Bub begann zu schreien und sie mußte zum Bett zurück.

„Sei stad, du Bankert![5]" keuchte sie. Und zum Vater gewendet, fuhr sie fort: „Es ist iatzt schon was 's is, i' kann's nimmer ändern. Aber arbeiten, Vater, will i' für di' und 's Kind, Tag und Nacht arbeiten mei' Leb'n lang!"

Zum Ofen tretend, überkam sie eine plötzliche Schwäche. Sie sank in die Knie und begann so, halb sitzend, Feuer zu machen. Da sprang der Lenzenhäusler auf, wild schreiend:

„In's Bett marsch, du, und lieg'n bleibst, du! Glaubst, i' laß mir Doktor- und Apotheker- und Leichenkosten aa' no' aufbürden! Um d' Ehr' hast uns eh schon 'bracht, du! Schama muaß ma' sich, wann ma'r unter d' Leut' geht!"

Gehorsam schlüpfte Resei ins Bett und zog die Federdecke über sich und den Kleinen. Der Vater sollte das ihm verhaßte Ding so wenig wie möglich sehen. Bald hörte sie, wie er mit Pfannen und Töpfen um den Herd herumhantierte, er kochte sich also seine Abendsuppe. Nach etwa einer Viertelstunde lüftete sie doch die Decke ein wenig, da sah sie ihn mit einer dampfenden Schüssel und einem Löffel vor sich am Bette stehen. „Da", zischte er gehäßig, „da friß!"

Resei saß auf und aß die Eiersuppe, bescheiden und zerknirscht zugleich, während er sich mit seinem Anteil auf die Ofenbank setzte. Später ging er hinaus, die

[5] unehelich geborenes Kind

Hühner zu versorgen und die Kuh zu füttern und zu melken, und als er wiederkam, schlief sie unter der Decke mitsamt ihrem Kleinen. Auch der Lenzenhäusler begab sich zu Bett im angrenzenden Verschlage, wo er noch bis gegen Mitternacht von Zeit zu Zeit aufstöhnte.

Sechs Tage später kam die Hebamme wieder zufällig des Weges und da hörte sie Reseis Stimme im Bergwalde oben jodeln:

„Heh, trulijöh, Buama, der Wald is grea'!
Heh truljöh, habt's denn koa' Schneid?
Heh truljöh, iatzt han i' koa Schatzerl mehr,
Heh truljöh, dös is mei'Freud!
Han i' koa' Schatzerl mehr,
Dös is mei Freud, juhe!
Holla ri, holderiahooo!"

Und als die Alte neugierig durchs Fenster ins Innere des Häuschens blickte, sah sie den Lenzenhäusler an der Heuschwinge sitzen und wiegen, während er in den gräßlichsten Tönen das Wiegenlied brüllte:
„Heijo, hutsch heijo,
Schlaf nur, mei' Bua,
Sunst beißt dir der Fuchs 's Mäu' o'[6]
Und's Nosei dazua!

Heijo, hutsch heijo!
Schlaf, Buawei, schlaf!
Aft[7] kaaf i' dir an Schimmel
Und a zuckeres Schaf!"

---

[6] *'s Maul ab*   [7] *dann*

Emerenz Meier in Amerika, ca. 1910

1903/04: „Ich lebe in München"

Im Oktober 1903 war das Abenteuer Künstlerkneipe *„Zum Koppenjäger"* zu Ende. Emerenz floh – sozusagen bei Nacht und Nebel – unter Hinterlassung
einiger Schulden aus Passau. Ihr Freund und Gönner Hellmannsberger hatte ihr zuletzt keine Unterstützung mehr zukommen lassen.

Die Notiz auf der Passauer Einwohnerliste lautet
zwar: „*... 21.X.03: unbekannt wohin?"*

Wir wissen aber aus ihren Briefen an Hans Carossa, dass sich Emerenz seit diesem Herbst 1903
in München aufhielt. Sie arbeitete als Redakteurin
und als freie Schriftstellerin, hatte zwar oft auch
Heimweh nach Niederbayern, fühlte sich aber
dennoch recht wohl, frisch und lebendig, was ihre
zwei Briefe an Hans Carossa aus dieser Zeit gut
belegen.

Sie künden von einer selbstbewussten und selb-
ständigen jungen Frau, die ihr Leben im Griff hat,
die über die Welt, vor allem auch über Männer wie
Heinrich Lautensack, lachen und spotten kann,
und die verschiedene Kontakte knüpft, etwa zu
Schriftstellern wie Dr. Michael Georg Conrad und
zu Zeitungs- und Zeitschriften-Redaktionen und
ihren Leitern, z. B. Dr. Otto Denk und Dr. Georg
Hirth.

Eine sehr gute Quelle für die Münchener Zeit der
Emerenz Meier stellen ihre beiden folgenden Briefe
an Hans Carossa dar.

123

München, Rumfordstr. 37 R[üc]kg[ebäude] 1.

Lieber Hans!

Was hast denn Du Dir gedacht, als Du vernahmst, daß ich Knall u. Fall (mit Hinterlassung einiger Schulden) von Passau abgeschoben bin? – Hast Du auch mitleidig die Achseln gezuckt u. gesagt, das oder ähnliches hätte man bei der versumpften etc. schon lange vorausgesehen? – Und hast Du alles geglaubt, was man mir auf den Bierbänken schlechtes, ungeheuerliches nachsagte? – Ich meine sie jetzt noch zu hören, diese tugendhaften Schweinekerls und die nach außen hin so wohlanständigen Frauenziefer, die, während sie sich errötend vor sittl[icher] Entrüstung über ihre Stickereien beugten, nichtsdestoweniger bittern Neid fühlten, weil ich mich, wenn alles wahr war, was man von mir behauptete, so ausleben hatte können, während sie nur (träumen dürfen davon.) Ich soll mit dem Italiener durchgebrannt sein, sagten einige. Recht wärs mir schon gewesen, wenn ich ihn mir hätte mitnehmen können, denn da drunten verkommt er doch nur, der arme, unschuldige Bub. Drunten sind fast lauter Tiere, die sich im Kot wälzen, dann den Nächsten in die Seite stoßen u. ihm zuraunen: „Schmeckst es nöt, wie der dritte Nächste stinkt?" Vielleicht ists auch in München u. überall so, aber vorläufig weiß u. merke ich nichts, bin nur froh, daß ich jetzt in einer stillen Klause sitze u. Gelegenheit habe, mich innerlich zu pflegen. –

Hellmannsberger hatte mir versprochen – aber ich habe dies ja in Passau schon erzählt, was. Ich sah gemütlich dem Tag entgegen, an welchem mich der neue Pächter ablösen würde, derweil kam grade am letzten

Tag die Botschaft von Straßkirchen, H[ellmannsberger]
würde nicht mehr kommen. Ich wußte genug, schnürte
mein Bündel u. fuhr mit 30 M in der Tasche bei Nacht
nach München. Was H[ellmannsberger] veranlaßt hat,
so schnell seinen Sinn zu ändern, weiß ich bis heute
noch nicht. Jetzt liegt mir auch nichts mehr dran. Ich
habe bereits gesehen, daß ich auch ohne Freunde u.
Gönner nicht verhungern werde. Ich muß eben arbei-
ten. – Die 30 M haben nicht lange gereicht, auch nicht
die 40 von den N. N.[1] [2] für den „Buam"[2] u. sogar ande-
re 50 vom „Hausschatz"[3] sind schon wieder kaputt zu-
sammt der Freundschaft des gemütl[ichen] Dr. Denk[4],
den Du kennst. Aber ich krieg immer wieder was für
meine Schreibereien, u. damit ich nicht noch einmal
3 Tag nacheinander fasten muß, wie erst kürzl[ich],
nehme ich in 2 Wochen od[er] drei eine Stellung[5] in der
Redaktion der Münchner Zeitung an, die mir bereits
zugesichert ist. – Zur Zeit ist meine Schwester Marie
bei mir (weil sie außer Stelle ist.) Mich friert eben gräß-
lich, denn die Wohnung ist recht kalt, ziehe bald aus
deswegen. (Übrigens, – eingeheizt haben wir halt auch
nicht.)

An einem so miserablen Sonntagabend wie heute ging
ich gerne fort, aber wohin? – Ich bin schon fortgegan-
gen, ein paar Mal, habe aber überall nur rohe Haus-
knechtsgesichter getroffen, Leute, die brüllen u. lachen

---

[1] *Münchener Neueste Nachrichten*   [2] *„Der Bua". Erzählung*
von E. M., abgedruckt in Band I. S. 366
[3] *„Deutscher Hausschatz": weitverbreitete katholische Familienzeit-*
schrift, wöchentlich erscheinend 1898–1911, Verlagsort Regensburg
[4] *Dr. phil. Otto Denk (Pseudonym: Otto von Schaching; 1853–1918),*
Dichter und u. a. Schriftleiter der Familienzeitschrift „Deutscher
Hausschatz"   [5] *Der Plan wurde nicht realisiert*

über was weiß ich nicht u. die einen verächt[lich]
anschauen, wenn man von was Gutem u. Schönen
redet. In den größeren Lokalen gibts Komiker u. Sa-
lontiroler, die mich schon zum Weinen gebracht haben
u. — Theater kann ich nicht besuchen, weil ich — keinen
Operngucker hab.

Lieber Hans, denke Dir, ich habe Lautensack⁶ auf-
gesucht!!! — Heut noch muß ich lachen, wenn ich an
das komische Erlebnis denke. Wir, Mari u. ich, — ich
im Kopftuch, gingen den Scharfrichtern auf die Bude.
— Etzliche[!] Dämchen, sehr dünne, mit Gänskrä-
gen, waren da, die kicherten u. bekamen bei unsre[r]
Frage nach Herrn L[autensack] rote Nasen, — lange.
Herr Heinz⁷ kam, Perücke genial hoch, — Zwicker,
— dünne, — mein Herrgott, wie dünne Beine, einfach
Elfenhaxchen, die so zierlich dahertippten. Und mit
einem lautlosen H-h-ch! u. einem furchtbaren, „die
Ömerenz?" begrüßte er mich. — Ja, — u. wir seien
jetzt da, sagte ich ihm. Er that sehr erfreut (war aber
sehr aufs Maul g'haut, weil er sich vor den Dämchen
mit den Gänschenkrägen sehr schenierte) u. sagte mir
gönnerhaft: „Och ja, sei froh, daß de von der eckelhaf-
ten Wirtschaft⁸ los bist. — Und dann, — gelt, kommst
Montag, — deine Adresse, bitte? — werde dir Billjett
schicken, — wirst schon entschuldigen, — heut hab ich
z.dhuun." Ich schaute ihm noch etwas verblüfft nach,
wie er mit seinen Federfüßchen davon —, zu den Däm-
chen gummischuhte, betrachtete noch einmal staunend

---

⁶ *Heinrich Lautensack (1881–1919), Dichter und Dramatiker, ge-*
boren im niederbayerischen Vilshofen, ab 1897 in München, Mit-
glied der Kabaretts „Elf Scharfrichter" in der Türkenstraße seit der
Eröffnung am 13.4.1901; nach dem Spätsommer 1904 jahrelang
wechselnde Engagements an Varietes und Kleinkunstbühnen u. a.
in Ulm, Nürnberg und Hamburg; ab 1907 in Berlin.
⁷ *Lautensack*   ⁸ *Kneipe „Zum Koppenjäger" in Passau*

sein geniales, bitte, ge-ni-ales Meerkatzengesicht u. lä-
chelte mir die ebenfalls stupid gewordene Marie nach,
zur Tür hinaus. Draußen brachen wir in ein lustiges
Gelächter aus u. lachten bis wir in unsre Wohnung
kamen. – Wirst schon verzeihen Hans, ich habe den
possierlichen „Übermenschen", von Anfang an nie ernst
nehmen können, ebenso wenig sein „Schenie".

Ich möchte den armen Kerl auch kein 2. mehr in
Verlegenheit bringen.

Das kannst Du ja auch leicht begreifen.

Damals fühlte ich mich alt u. unlustig, jahrelang.
Weil ich nicht wußte, daß das Leben doch schön ist.
D. h. daß man, wenn man keck genug ist, es sich schön
machen kann, so schön wie man will. Ich hab es mir
schön gemacht, u. werde es tun, so lang ich kann. Zu
jener Zeit hatte ich mir ja nicht einmal getraut, die
Kirsche anzuschauen, die mir vor dem Mund hing, viel
weniger sie zu essen. Jetzt lache ich, mit dem vollen
Teller in der Hand.

Und bleib ehrlich u. gut, mitsamt dem Kirschenes-
sen.

Jetzt möchte ich so gerne die Kunststadt München
kennenlernen u. weiß nicht, wo ich das kann. Da wür-
de man wohl besondere Schlüssel haben müssen, um in
die hl. Hallen eindringen zu können u. Führer, die die
Parole wissen.

So steh ich dumm herum, arm u. allein.

Liebes Hänschen, wie geht es Dir in Passau?[9] Ich

[9] *Carossas Vater, Dr. med. Karl Carossa, hatte im September 1903*
in der Passauer Bahnhofsstraße eine Praxis eingerichtet, die gemein-
schaftlich geführt werden sollte. Wegen des angegriffenen Gesund-
heitszustandes des Vaters musste Hans Carossa die Praxis sofort nach
Rückkehr von der Promotion im Sommer 1903 in Leipzig ganz
übernehmen. Carossa führte diese Praxis bis zu seiner „Flucht" nach
Dresden in der ersten Julihälfte 1904.

könnte Dich hauen, weil Du in Passau bist u. nach u. nach sogar selbst am End ein Passauer wirst. Die schönsten Anfänge hast Du dazu schon gemacht, nach jenem Diskurs zu urteilen, den wir übers „Duell" hatten, wenn Du Dich noch erinnern kannst. Dein Papa ist gescheiter wie Du, der hat nie so was gesagt. Aber nein!!

Und da freu ich mich, daß ich ich bin, daß ich doch so komisch u. albern bin, da glaub ich erst wieder an mich, nach so was. Es tut mir gewiß not, denn niemand verzweifelt so leicht an sich u. so oft, wie ich an mir.

Gäbe es doch recht viele solcher „Kraft-Genies" u. „Übermenschen" wie den guten Lautensack, dann würde ich stets den Kopf oben behalten.

Lieber Hans, das wird heuer bei mir eine traurige Weihnachtszeit werden. Ich bin nicht daheim in München, so wie es jetzt ist, ich habe niemanden, (männlicherseits) den ich mag, da weiß ich nicht, wohin ich meine Lichter hängen soll. – Irgend eine kernige Herzensfreundschaft ist mir zum Leben so notwendig wie 's tägl[iche] Brot. Beileib keine Schwärmerei, nur etwas tüchtig-ehrliches, wie Du und ich u. ich u. Gusti, denn, ehrlich u. tüchtig ist diese auch immer wieder, trotz allem. – Dich mag ich gern. So gern noch, wie zu jenen Weihnachtstagen[10], die Du in Oberndorf verlebt. Nur versteh ich Dich jetzt besser wie damals. Damals sah ich gebildete Menschen als besondere Wesen an, die nicht so fühlen u. denken wie unsereins. Auf Ehre, – wirklich! Der Mensch ist wie ein Uhrzeiger, seine Ansichten drehen sich immer rundum; wenn ich Morgens auf 6 gestan-

---

[10]*Carossa verbrachte Weihnachten 1898 bei E. Meier in Oberndorf bzw. mit ihr im Hause von Auguste Unertl in Waldkirchen.*

den bin u. Mittags, auf 12 stehend, über 6 gespottet
habe u. Abends 6, ein ganz andres 6 wie das Morgen
6, über das Mittagszwölf lächelte, dann komm ich,
die Nachtzwölf verschlafend, doch wieder auf Morgen
6 stehen u. fühle u. denke wie gestern. Und ärgere
mich, daß andere Uhren-Zeiger etwas vor oder nach-
gehen, wiewohl Zeit Zeit ist. Jeder Augenblick des
Lebens wert, 12 Uhr so viel wie 6 Uhr, diese Ansicht
so gut wie eine andre, oder so schlecht.

Drum Hans, verdamme ich Dich mit Deinen nun
wieder etwas ins Mittelalter u. Biedermeiertum zu-
rückkehrenden Anschauungen nicht, mit Deinem Ein-
lenken (wiewohl dies noch widerstrebend geschieht) in
die gutbürgerl[ichen] Bahnen. Es ist auch notwendig
für Dich. Und du darfst mich nicht verdammen, wenn
ich jetzt recht laut 6 verkünde, derweils auf Deiner
Uhr 12 ist.

Im übrigen: freuen wir uns unseres Lebens, wenn wir
können, & weinen wir, wenn wir müssen.

Und bleiben wir im Grund genommen doch immer
das, als was wir geboren sind.

Du bleibst der prächtige Mensch Hans,

Ich die gutmütige Emerenz. Beide 100% mehr wert
wie andre Leute. Oder auch nicht – mein Gott!

Aber jetzt Schluß!

Vielleicht schreibst Du mir ein paar Zeilen, wenn
Du Zeit hast. Es grüßt Dich aufs herzlichste

Deine

alte Emerenz

München, 22. Juli 1904
Rumford Str. 37/1. R[ück]g[e]b[äude].

Lieber Hans!
Meinst Du, ich bin tot?
Ich lebe in München.

Und gedenke im Tage 100x, bald mit Verachtung,
bald mit Freude all dessen, was für mich schon auf der
Welt gewesen.

Manchmal noch vernehme ich was aus früherer Zeit.
So von Dir, daß Du mich einmal einer bösen Zunge
gegenüber in Schutz genommen. Das freut mich von
Dir, das sieht meinem Hansl gleich. Hellmannsberger,
mein Engel, hat mich hier schon einmal besucht und
mir bewiesen, daß er über Vorurteile erhaben ist, daß
ich seine Größe nie überschätzt habe.

Gusti war auch hier, sie ist weiblichen Geschlechts.
Und, – das beste zuletzt, – Dein Papa auch war hier,
er wird Dirs wohl erzählt haben. – Du hast einen
merkwürdigen Papa, der einem mit ein paar Worten
das Innere aus dem Leibe zieht wie einen Geldbeutel,
es auf den Tisch hinlegt und sagt: „Schau, das ists.“
Dann ein kleines Rezept, einen freundlichen Blick
noch und fort. Auch 10 M, mit brennendem Gesicht
wiederhole ich mirs oft, hat er mir geborgt. Nicht um
die Welt zahl ich sie ihm mehr zurück, eher kauf ich
Dir eine Villa am Gardasee, wenn ich einmal reich
bin. Aber Du wirst ja eher reich als ich, – dann kaufst
Du mir eine Villa. Doch nicht am Gardasee, sondern
an der Ilz oder Donau. Wo Bauernrammeln umher-
laufen und mit Grobheiten meine Seele erfrischen.
Bauernrammeln gibt es in München übrigens mehr als

genug, man braucht in dieser Hinsicht kein Heimweh zu haben.

Wie Passau ohne mich existieren kann, begreif ich nicht. Schreit es denn nicht alle Tage nach mir und springt die Donau nicht in die Luft vor Sehnsucht nach mir? – Oder wäre die brennende Liebe nur einseitig, nur bei mir vorhanden?

Lieber Hans, ich habe nicht nur einmal schon tief aufgeseufzt hier in München. Die Mauern u. die Dächer, die sich überall vor mir türmen, sind mir Tod und Grab.

Wenn ich mich wieder einmal an einen Wiesengraben hinlegen und in den blauen Himmel hineinblinzeln könnte! Oder mit der Heugabel vor den Ochsen hergehen, oder auf dem hohen Fuder sitzen, oder Holz hacken im Wald!

Du weißt nichts davon. – Wenn ich nicht so hochmütig wäre, würd ich recht schreien, daß mir jemand heraushälfe aus diesem Leben, aus dieser Staubgrube. Aber es soll sich niemand unterstehen, mich zu bemitleiden. Ich würde ihn ohrfeigen.

Bei Dr. G. M. Conrad[1] war ich wiederholt. Er war noch der alte Enthusiast, nur schien er mir nicht mehr so natürlich wie einst, sondern etwas theatralisch. Vielleicht macht dies der Beruf seiner Frau[2]. – Dr. Hirth[3] ist ein Kraftmensch auch, aber mehr äußerlich.

[1] Dr. phil. Michael Georg Conrad (1846–1927), Schriftsteller und Journalist, ab 1882 in München, 1885 Gründer und bis 1901 Herausgeber der Zeitschrift „Die Gesellschaft", des Hauptorgans des deutschen Frühnaturalismus.

[2] Maria Conrad-Ramlo, Hofschauspielerin und Schriftstellerin.

[3] Dr. phil. Georg Hirth (1841–1916), Verleger und Schriftsteller nationalliberaler Prägung, ab 1875 Verleger der Zeitung „Neueste Nachrichten" zusammen mit seinem Schwager Thomas Knorr, 1887 Umbenennung der Zeitung in „Münchener Neueste Nachrichten". Hirth war auch Herausgeber der Zeitschrift „Jugend".

In der „Jugend"⁴ haben sie mir ein Gedicht ange-nommen, schau auf, wanns gedruckt ward oder wird, damit Du siehst, ob ich, – dies ist ehrlich bekümmert gesprochen, – Talent habe.

Mein größtes Elend ist zur Zeit, daß ich nirgends Menschen finde, lauter hohle Trompeten.

Aber ich spreche immer von mir und nicht von dem, dem ich schreibe. Was ist auch von Dir zu sagen! Du bist prakt. Arzt in Passau; ob Hans, der junge Göt-terkerl, der erquickend gescheite, sonnige, tüchtige und vor allem so gutherzige Mensch noch in dieser Hülle lebt, weiß ich nicht.

In dem Augenblick, da ich dies schreibe, nenne ich mich auch schon selbst einen Affen. Ein Mensch wird nie anders, wie er aus dem Mutterleib herauskam, so bleibt er. Das Leben kann mit einer Gartenschere wohl äußerl. Dinge wegstutzen, aber der Baum bleibt, was er ist.

Und Du bleibst Hans Carossa! Und so laß Dir, wer-ter Herr, die Pranke drücken, über alle Weiten hinweg, und Dir sagen: Ich wollt, ich säße bei Dir, irgendwo in einem kühlen Winkel, vor uns eine Maß Bier. Und die ganze Welt, die hätten wir in uns selber u. ein Meer von nie verdunstender Jugendunbändigkeit und Be-geisterung dazu.

Deine Emerenz!

---

⁴ „Jugend". Illustrierte Kulturzeitschrift und Organ des dt. Jugend-stils, das der Stilperiode den Namen gab; ab 1896 bei G. Hirth in München verlegt, 1940 eingegangen. – Das von E. M. angesproche-ne Gedicht ist in der „Jugend" nicht abgedruckt worden.

Im Herbst 1904 waren diese schönen Tage, Wochen und Monate in München schon wieder vorbei. Wodurch die Rückkehr der jungen Dichterin in den Bayerischen Wald letztlich ausgelöst wurde, wissen wir jedoch nicht.

Geburtshaus der Emerenz Meier in Schiefweg

Langsames Abschiednehmen vom Wald

Der Rückzug aus München im Herbst 1904 war keine triumphale Heimkehr in den geliebten Wald, sondern eher ein trauriges Ereignis für die nunmehr 30-jährige Dichterin. Zwar gab es weitere Zeitschriftenveröffentlichungen – z. B. *„Alharde Kalchin"* und *„Der Lumpenvater"* im *„Neuen Passauer Schreibkalender"* –, aber vor allem das persönlich-private Schicksal der Familie Meier beeinträchtigte das Leben der Emerenz in hohem Maße.

Wirtschaftliches Unglück verfolgte die Familie Meier schon seit längerem, wie Paul Praxl nachweisen konnte. Der Vater Josef Meier hatte Geld beim Handel verloren und war in Schulden geraten. Nach dem Güterhandel hatte er auch den Viehhandel aufgegeben. Sein halber Anteil an dem Oberndorfer Anwesen wurde notariell auf seine Schwester Therese Eibel von Büchlberg übertragen. Die Meiers hatten also kein Zuhause mehr, hatten „abgehaust", mussten bei Nachbarn in Oberndorf unterkommen und sich mit ihrer Hände Arbeit fortbringen, der alte Vater Meier, der die Sechzig schon weit überschritten hatte, etwa als Steinklopfer.

Nachdem sich bereits einige entferntere Verwandte in den USA ansässig gemacht und den Meiers von dort berichtet hatten, trug sich auch die Familie Meier mit Auswanderungsgedanken. Petronilla, die älteste Schwester der Emerenz, verließ mit ihrer Familie das Anwesen in Schiefweg bereits 1902, 1904 folgte die noch ledige Schwester Maria, 1905 der schon 68 Jahre alte Vater, der sich in Chicago als Arbeiter durchschlagen musste.

Vielleicht hat Emerenz auch an ihn gedacht, als sie einer Erzählung aus dem Bayerischen Walde den Titel „*Der Lumpenvater*" gab. Die Geschichte ist wiederum eine besonders gekonnte, hart und realistisch und mit erfrischenden Dialogen in der Mundart geschriebene Prosa, auf der Linie des „*Juhschroa*" („*Ein lustiges Weib*") oder der Geschichte „*Der Bua*". Sie handelt von gesellschaftlichen Außenseitern und nimmt sich in einer sehr distanzierten, doch eindringlichen Weise des Themas Behinderung an. Mirtl, die männliche Hauptfigur, liebt die körperlich behinderte Bauerstochter Nanni, die sich selbst als „*Dürftling*" fühlt. Ein glückliches Ende ist für eine solche außergewöhnliche Liebesbeziehung in jener Zeit nicht möglich. Sie endet mit der Vereinsamung und dem Tod der beiden Protagonisten. Die Autorin beschreibt die Situation mitreißend und anschaulich, stets ohne moralischen Zeigefinger, aber eindeutig ihre Position zur Problematik aufzeigend. Und diese Position – klar auf der Seite der behinderten jungen Frau und ihres Geliebten – ist erstaunlich modern, einfühlsam und überzeugend. Emerenz Meier war auch bei diesem Problemkomplex ihrer Zeit weit, mindestens einhundert Jahre voraus!

„Der Lumpenvater. Erzählung aus dem Bayerischen Walde" erschien 1905, also im Auswanderungsjahr des Vaters der Emerenz, in dem bekannten Publikationsorgan „*Neuer Passauer Schreibkalender*".

Der Lumpenvater

I.

In Sommerpracht und Sommerglanz lag das weite Waldland, es feierte mit den Menschen den „Prangertag". Ein warmer, duftschwerer Wind strich über die grünen Ährenfelder, spielte in Büschen und Bäumen, die kaum den Blütenschnee abgestreift, und ließ das Rauschen der Wälder stärker und stärker anschwellen, so daß es klang wie ein feierlicher Hymnus, den die Natur sich selber sang. Melodisches Glockengeläute ertönte von nah und fern, dazwischen hinein donnerten Böllersalven, denn die Fronleichnamsprozessionen fanden eben allenthalben statt. Auch in N..., dem schönen Marktflecken, der seiner Altehrwürdigkeit und seiner reizvollen Lage wegen weitbekannt ist. Mit klingendem Spiel und wehenden Fahnen, laut singend, betend und Blumen streuend, zogen sie um die turmbewehrten Marktmauern, die Geistlichkeit unter goldschimmerndem Baldachin, die Krieger- und Feuerwehrvereine in glänzendem Aufzug, die Jungfrauen- und Jünglingsbünde in ihrer Ehrentracht, die weißgekleideten Mädchen, die schier endlose Reihe der übrigen Gläubigen.

An einer rotblühenden Kastanie, welche einen fast berauschenden Wohlgeruch in der Runde verbreitete, lehnte unter den zuschauenden Andächtigen ein Paar junger, halbwüchsiger Bauernbuben, sauber angezogen und so hübsch wie wenige zu finden. Sie hielten ihre mit Nelken besteckten Hüte unters Kinn gepreßt und betrachteten mit glänzenden Augen die Prozession. Ab und zu flüsterten sie sich Bemerkungen über vorbeizie-

hende Bekannte ins Ohr, nickten wohl auch einmal einem grüßend zu. Als aber die weißgekleideten Mädchen kamen, eine reine, lämmchengleiche Herde, deren lautes „Heilig, heilig!" so rührend andächtig in die Lüfte klang, runzelten die beiden die Augenbrauen und lächelten spöttisch. Halbwüchsige Buben pflegen dies stets zu tun, wenn sie ebensolcher Mägdlein ansichtig werden; warum, das wissen sie vielleicht selber nicht. Die nachfolgende Knabenschar ließ ihre Mienen indessen bald wieder heiterer werden und mit schalkhaften Blicken verfolgten sie die stramm Einhertrabenden. Hie und da bekam einer einen flinken Rippenstoß mit, der meistens ebenso behend erwidert wurde.

„Lausbuam, zoihgts¹ aa mit!" rief einer aus der Reihe.

„Das is der Hofer Maxl und der Kempmüllner Sepp, die zwee hand z'stolz zan umgeh'", sagte ein anderer.

In der Tat, die beiden jungen Burschen schämten sich aus irgendeinem Grunde, an dem Umzug teilzunehmen. Sie hielten sich wohl für etwas Besseres als der große Haufen und fanden es ihrer Würde angemessener, wenn sie bloß Zuschauer machten. Sie waren Söhne reicher Eltern aus E… , welches Dorf als das lustigste im ganzen unteren Walde bekannt ist. Eine Zeitlang hatte man es direkt nur das Lumpendorf genannt, damals, als seine Jugend in ein Lotterleben ohnegleichen versunken war. Da saßen die Burschen Tag für Tag im Wirtshause und trieben es in den Nächten so arg, daß vor sämtlichen Kammerfenstern der Pfarrei Fuchsfallen gelegt werden mußten. Ebenso durften die Bauern keine Zäune um Garten und Feld mehr errichten, ihrer Prügelgefährlichkeit wegen. Das war aber schon

¹ zieht

lange her und herrschten jetzt gewiß bessere Zustände in E… – Wiewohl, – das lustigste Dorf war es immer noch; auch galten seine Bewohner für sehr hochmütig.

„Du", sagte der blonde Hofer Maxl zu seinem Kameraden, dem dunkeläugigen Kempmüllersohn, „schau' hin, dort kimmt akk'rat oaner daher wie der Hellauer Mirtl. – Siahgst 'hn?"

„Der groß', mit der Soldat'nkapp'n in der Hand und dem braun' Schnurrbart?"

„Ja, der. Gulderne Oh'rnschräufel tragt er, wia's der Mirtl schon allweil g'habt hat. Mein' Kopf verwett' i', daß er's is."

„Teufö ja, der Mirtl is 's. Aber wia kimmt denn der iatzt auf oa'mal daher? Is er denn scho' vom Militär los? – I hab' no' nix red'n hör'n davon im Dorf."

„I aa nöt, aber er is 's, er is da!"

Nur mit Mühe ein freudiges Aufjubeln unterdrückend und die Köpfe in brennender Erwartung weit vorsteckend, blickten sie unverwandt auf einen stattlichen jungen Mann, der ernst im Zuge einherschritt und keine Ahnung hatte von der Ungeduld, mit welcher er unter der blühenden Kastanie erwartet wurde. „Pfeif, daß er herschaut!" flüsterte der Kempmüller Sepp seinem Genossen aufgeregt zu.

„Geh', bist' leicht nöt g'scheid't, wer wird denn iatzt pfeifa!" entsetzte sich dieser. „Moanst, i' möcht' uns die brav'n Leut' allz'samm' auf's G'nack bringa? – Aber an ander's Zeichen gib i' eahm – halt' aus!" Er löste mit hastigen Fingern eine Nelke von seinem Hut und warf sie dem eben Nahegekommenen zu, so daß sie ihm direkt an die Nase flog. Er blickte her, ein Lächeln raschen Erkennens erhellte sein hübsches, charaktervolles

Gesicht. Doch er mußte auch nähertreten, das unaufhörliche, eindringliche Winken der Burschen zwang ihn förmlich dazu.

„Wirst ebber dennerst nöt glei' heili' wer'n woll'n!" wurde er nun lachend empfangen. „Laß dir doch d' Händ geb'n! Grüaß' di' der Himmel, alte Hütt'n!"

„Grüaß enk Gott, Buam! Wia geht's enk denn?" lautete seine herzliche Erwiderung. „Hab'n uns scho' bald zwoa Jahr nimmer g'sehgn und ös² seid's ja völlige Mannerleut wor'n derweil. Frei kenna tuat ma' enk nimmer." Er blickte von einem zum anderen, und schließlich trat etwas wie Verwunderung in seine ernsten, klaren Augen. Der für ihr Alter ein wenig allzu kecke, lebenssüchtige Ausdruck ihrer Gesichter mochte ihm vielleicht auffallen. „Was treibt's denn nachher allweil'?" fragte er nach einer Pause.

„Ja, was wird ma denn treib'n! Schinackeln³ unter der Wocha und in Sunda fest draufhau'n, daß unserne Alt'n 's Geld nöt verrost't!"

„Es is eigentli' nöt viel los iatzt in E...", sagte der Hofer Maxl in geringschätzigem Tone. „Unter die Dorfbuam herrscht a ständige Z'kriagerei, oaner möchte' den andern prügeln; gar koa Z'samm'halt'n is mehr als wia vor zwoa Jahr'n, wo du no' drunter g'wen bist, Mirtl."

Mirtl mußte lachen, denn vor zwei Jahren, als er noch unter den Dorfburschen gewesen, hatten die beiden Knaben noch Schusser gespielt auf der Straße. Zu ihm waren sie fast täglich gekommen und hatten ihn geplagt, daß er ihnen kleine Wagen und Taubenschläge verfertigte, denn er war in solchen Dingen sehr geschickt. „I' bin halt aa an übermüatiger, dummer Bua

² ihr   ³ rackern, sich plagen

140

g'we'n, der überall dabei sein hat müass'n", sagte er, gutmütig auf eine Erwähnung des Altersunterschiedes verzichtend. „Aber dös vergeht oan' scho' beim Militär – wird ma' da herg'nigelt!"

„Hab'n s' di' denn iatzt auslass'n, Mirtl?"

„Na, ös wißt's ja, daß der Göd[4] krankli' is, daß er nimma recht hatsch'n kann. Er braucht an fest'n Arbeiter dahoam, und drum hat er reklamiert, daß i' los wor'n bi'."

„Ah so! – Is do' a g'scheiter Ma', dei' Alter. G'scheiter wie dei' Schwester, dös G'schuß! – Sie is no' allweil die gleich', Mirtl, is um koa' Haar nöt besser wor'n. Da derfatst Gott danka, wann dö oaner zum Heirat'n möcht', daß s' dir aus'm Haus kaam."

Mirtl sagte nichts darauf. Es war ihm auch nicht anzusehen, wie er diese ungenierte Durchhechlung seiner Schwester, der einzigen Verwandten, die er auf der Welt besaß, aufnahm. – Er und sie waren als die Waisen verarmter Bauersleute von dem wohlhabenden Hellauer in E… adoptiert worden. Da dieser verwitwet war und eigene Kinder oder nähere Verwandte nicht hatte, wurde Mirtl als sein Haupterbe und Nachfolger auf dem Hellauerhofe angesehen. Bekannt war, daß Mirtls Schwester Marie, ein gemütloses, zänkisches und deshalb unbeliebtes Mädchen, selbst nach diesem Erbe strebte und daß sie kein Mittel verwarf, welches ihr zur Erreichung dieses Zieles dienlich sein konnte. Eines der am häufigsten, wenn auch mit wenig Erfolg von ihr angewandten, war, ihren Bruder bei dem Paten anzuschwärzen und zu verleumden. Die Leute waren empört über diese Niedertracht und hatten es schon des öftern versucht,

[4] Pate

141

Mirtl zu überreden, doch den Stiel umzukehren und die Dirn unschädlich zu machen. Aber er hatte stets nur schweigend den Kopf geschüttelt. Ein Schweiger war er überhaupt von jeher gewesen, wenn es sich um Dinge gehandelt hatte, die über eine harmlose Unterhaltung hinausgingen. Und jetzt, wo ihn ein zweijähriger Aufenthalt in der Fremde beim Militär erfahren gemacht, war er's vielleicht noch mehr.

„Aber a strammer Kürassier muaßt g'we'n sein!" meinte Sepp, *wohlgefällig an seiner urkräftigen, breitschulterigen Gestalt hinaufsehend. „Sogar an Schnauzer hast dir wachsen lass'n! Woaßt, wie guat daß dir der steht!"*

„Wird dir schon aa oaner wachs'n, wart' nur no' a Zeitl", war die lächelnde Antwort.

Maxl, welcher das unvermittelte Wiedersehen gleich wirtshäuslich gefeiert sehen wollte, drängte jetzt zum Gehen. „Wollt's zum Stieglwirt oder zum Greiner?" fragte er. *„Beim Oberneder hätt'n s' wohl a guat's Bier, aber da sitzt mei' Alter gern, drum verlang' i' mir's nöt hinz'geh'n."*

„Und der mei' kehrt mit der Muattern beim Stieglwirt zua, da bringt mi' aa neamd⁵ hin", murmelte Sepp. – *Er war das einzige Kind seiner Mutter, die erst vor kurzem ihr langjähriges Witwentum aufgegeben und den Kempmüller geheiratet hatte. Von kleinauf von der nicht allzu verständigen Frau verzogen, jetzt zu spät einer väterlichen Autorität unterstellt, fühlte sich der junge Mensch schlecht behandelt, und er haßte seine Mutter, wie er den Stiefvater mißachtete.*

Es wurden noch verschiedene Gasthäuser in Vorschlag gebracht, bis endlich Mirtl, welcher den beiden

⁵ niemand

142

die Freude nicht verderben wollte, ein entscheidendes Wort sprach und mit ihnen den Markt beschritt.

Der große Platz in der Mitte desselben war aus Anlaß des Festes mit Reihen von jungen, frisch aus dem Walde herbeigeholten Birkenbäumchen besetzt, die Häuser überreich mit Kränzen, Lichtern und Fahnen geschmückt. Menschen waren zur Zeit wenige zu sehen, und diese wenigen standen in der Nähe der Kirche, dort die Rückkehr der Prozession abwartend. In den Wirtshäusern am Platze regte sich vollends nichts, denn wem wäre es wohl eingefallen, die freudige Festpracht hier außen, die durch das herrliche Wetter so ungemein erhöht wurde, jetzt schon mit der Dumpfheit der Gaststuben zu vertauschen! Auch Mirtl empfand keine Lust hierzu, und er überredete seine Begleiter, noch eine Weile vor der Haustüre des Stieglwirtes zu warten. „In längstens a Vietelstund' is ohnehin vorbei", meinte er, „und nachher krieg'n wir allweil no' an guat'n Platz in der Wirtsstub'n."

Tatsächlich begannen sich schon nach wenigen Minuten die Vorboten des prophezeiten Endes, alte Bäuerinnen, welche etwas früher zum Kochen heimmußten, zu zeigen. Mit ihren mächtigen Armkörben, die zur Aufnahme von allerlei guten Sachen, Zugaben zum heutigen Festschmause, bestimmt waren, watschelten sie schwätzend den Markt hinab, um ganz drunten in den verschiedenen Kaufläden zu verschwinden. Mirtl betrachtete sie alle in seiner stillen Weise, es freute ihn offenbar, daß er diese und jene der Alten sofort wiederzuerkennen vermochte trotz seiner zweijährigen Abwesenheit. Plötzlich wurde er von Maxl in die Seite gestoßen und mit den Worten: „Da kimmt dei Schwes-

ter!" *auf eine etwa 25jährige, ungeschlachte Dirn aufmerksam gemacht, die mit plumpem Gang daherkam.
Sie trug sich mehr wie eine alte Frau denn wie ein
junges Mädchen und sah mit dem schlechtgebundenen,
bis an die Stirn vorgezogenen Kopftuch, der schlappen
Kleidung und den derben breiten Lederschuhen an
ihren ohnehin nicht kleinen Füßen häßlich genug aus.
Das Unangenehmste an ihr aber war der ordinäre Ausdruck ihres roten, sommersprossigen Gesichts und die
scharfe, schreiende Stimme, mit der sie jetzt den dreien
einen „gua' Morg'n!" wünschte.*

„Gua' Morg'n, Hellauerbäuerin!" *sagte der Kempmüller Sepp spöttisch.* „Gehst aa scho' hoam zum
Kocha?"

„Dir gib i' d' Hellauerbäuerin schon no'amal!" *rief
sie, ihren roten Regenschirm wie zum Zuschlagen er-
hebend.* „Daß d' mi' ebba frett'n möch'st damit, du
schwarzgameter Müllnertropf!"

„Na, wär' vielleicht nix Schön's, Hellauerbäuerin
sei'? – Kunnt ma' da umhaus'n und werka! Und Hafa
voll Schmalz verkaufa, glei' kübelgroß!"

„Halt dei' Mäul, Lauser!" *fuhr sie ihn nun im Ernst
an.* „Du bist mir no' viel z' lausig, als daß i' mi' vo' dir
fernz'n[6] lass', daß d' es woaßt!"

*Sepp, der sich keines besonders schlagfertigen Mund-
werks bewußt war, schwieg auch, aber dafür ergriff der
Hofer Maxl das Wort.*

„Recht hast, Marie", *lachte er noch um vieles spötti-
scher als sein Genosse.* „Wia kann denn der überhaupt
ebb's von a Hellauerbäuerin daher pappeln! – Da steht
der Bauer, koa' Bäuerin gibt's vorläufi no' nöt, um a
solchene muaß eahm der Mirtl erst schau'."

[6] spötteln

Marie schoß ihm den wütendsten Blick zu, dessen ihre blaßblauen Augen fähig waren, erwiderte aber nichts.

„Find'st leicht koan' andere G'sellschaft, Mirtl, weilst mit solchene Buam geh'n muaßt?" wandte sie sich giftig an ihren Bruder. – Er schüttelte nur mißbilligend den Kopf und schaute anderswo hin.

„I geh' iatzt hoam", bemerkte sie dann, sich zum Gehen wendend. „Der Göd is alloa' dahoam, schau' halt, daß d' aa nöt lang ausbleibst, heut', an dem zweit'n Tag, wo'st dahoam bist, sunst ärgert's 'hn."

„Als wia wenn ihr dös nöt g'rad akk'rat recht wär', wann si' dei' Göd über di' ärgert!" höhnte Maxl ihr nach. „Schaut's die Feinspinnerin an! – Himmelsaxen, a so a Schwester wann i' hätt', Mirtl, i' drahret ihr 'n Krag'n um!"

„Ach, laßt's es geh'!" sagte Mirtl abwehrend. „Sie is halt amal a so, da kann ma nix macha."

Die Leute kamen nun schon zahlreicher den Markt herab, und aus der Ferne vernahm man Musik und Trommelklänge. Mirtl zeigte sich jetzt bereit, dem neuerlichen Drängen der beiden Burschen, sich einen guten Platz im Gasthause zu sichern, nachzugeben, da fesselte seine Blicke plötzlich eine Frauensperson, die mühsam heranhinkte und dann neben ihm stehen blieb, ohne ihn weiter zu beachten. Es war ein noch junges Mädchen, vielleicht 20 Jahre alt. Ihre Kleidung, schwarze Seide vom Kopf bis zum Fuß, verriet die Großbauerntochter. Mirtl glaubte ein ähnlich liebliches und angenehmes Geschöpf noch nie gesehen zu haben. Dieses feine, blühende Gesicht, dieses klaren, tiefen Augen, dieses ganze, schöne, bescheidene Wesen *gefiel ihm so sehr, daß er es immer wieder betrachten mußte. Sie wandte endlich auch ihre Blicke auf ihn, stumm verwundert fragend, warum er sie so fixierte, und schaute dann an sich selber hinab, ob vielleicht etwas Ungehöriges an ihr war. Mirtl schämte sich und trat einen Schritt zurück, versank aber gleich darauf in neuerliches Betrachten. Und je länger das dauerte, desto bekannter kam ihm das Mädchen vor. Er mußte es doch schon früher einmal irgendwo gesehen haben, freilich noch nicht zu der Schönheit erblüht wie jetzt. Da das Menschengedränge auf dem Markt und nahe den Häusern immer stärker wurde, sah sich die Schöne einmal genötigt, ihren Standort zu verändern, und da erschrak Mirtl plötzlich bis ins Innerste hinein. Denn erst jetzt bemerkte er ihr mühseliges Hinken, das fast einem Hüpfen glich. Das heißt, bemerkt hatte er es vorher schon, aber über dem Gesicht im gleichen Moment vollständig vergessen. Und nun erkannte er sie auch, die Arme. Sie war eine der Landsbauerntöchter von E…, die jüngste, welche infolge eines in ihrer Kindheit erlittenen Beinbruchs, den ein Kurpfuscher unrichtig behandelt hatte, zum Krüppel geworden war. – Ein Bedauern, wie er es noch nie für jemanden gefühlt, erwachte in Mirtl. Daß gerade sie, die arme junge Nanni – sogar ihres Namens erinnerte er sich jetzt – so Bitteres zu tragen haben mußte! – Sein Mitleid wurde noch größer, als sich aus der Menge drei andere schöne Mädchen lösten und, zu ihr tretend, sie heftig anfuhren, warum sie sich so lange hätte suchen lassen! Ob sie sich denn nicht schäme, hier wie ein Depp vor dem Wirtshause stehen zu bleiben, anstatt bei der Kirche zu warten! – Es waren ihre Schwestern, an Größe und*

Schlankheit des Wuchses, an Feinheit der Gesichtsfarbe sowie auch in der Art der Kleidung ihr gleich, in allem übrigen aber ganz anders als sie, viel weniger lieblich und bescheiden, ja eine davon, die stolze Franz, sogar äußerst unsympathisch. Wenigstens fand das Mirtl, der sie schon damals nicht hatte leiden können, als er mit ihr und ihren Schwestern noch ein und denselben Schulweg getrabt war. Ob dies auch bei ihr der Fall gewesen, bleibt dahingestellt. Jetzt, da sie seiner ansichtig wurde und, einen Ruf der Überraschung ausstoßend, ihre Schwestern auf ihn aufmerksam machte, zeigte sie sich einzig erfreut.

„Der Hellauer Mirtl! Ja, was waar denn dös!"

Er mußte hinzutreten und sie begrüßen. Eine nach der anderen. Sie fragten ihn, wie es ihm ergangen, gratulierten ihm, daß er vor der Zeit hatte heimkehren dürfen und bemerkten dann, alles durch den Mund Franzens, die stets für sämtliche vier das Wort zu nehmen pflegte, daß sie drinnen im Gasthause von ihrem Vater erwartet würden. Ihm freundlich zulächelnd, zogen sie an ihm vorüber ins Haus. Nanni hinkte mühselig nach, Mirtl folgte ihr traurig. – Als er die Gaststube betrat, wo die beiden Burschen schon ungeduldig seiner harrten, sah er den Tisch, an welchem der Landsbauer seine Töchter um sich versammelt hatte, bereits von verschiedenen jungen Leuten besetzt. Es waren meist Bauernssöhne, unter denen sich wohl ein paar befinden mochten, die auf die reichen, hübschen Mädchen spitzten. Wußte man sie doch sämtlich einer Verheiratung, sofern der eventuelle Freier nur reich, angesehen und gottesfürchtig war, nicht abgeneigt. Franz hatte zwar schon ein paar Körbe ausgeteilt, aber die Empfänger waren eben auch darnach gewesen. – In diesem Augenblick machte sie, wie vorhin ihre Schwestern, auch ihren Vater auf den aus der Garnison zurückgekehrten Mirtl aufmerksam, und der Landsbauer säumte nicht, dem als tüchtigen Burschen bekannten Pflegesohn des Hellauers die Hand über den Tisch hin zu reichen. Ebenso begrüßten ihn die jungen Leute und boten ihm sogar einen Platz am Tische.

„Hand uns ja unser drei", lächelte er, „mir brauchen schon eigens an Tisch." Und er setzte sich mit Maxl und Sepp in der Nähe der Türe nieder, von wo aus er die Landsbauerischen im Auge behalten konnte. Unterdessen war er von einer Anzahl anderer junger Burschen, früheren Kameraden und Dorfgenossen, ebenfalls entdeckt worden, und es währte nicht lange, so sah er sich von einem frohen Kreis umschlossen, aus dem ein Entrinnen so bald nicht möglich war. Die Beliebtheit, deren er sich schon vor seiner Militärzeit erfreute, fand heute ihre neuerliche Bestätigung. – Und die Landsbauerntöchter blickten von Zeit zu Zeit her. Das war den Burschen ein Anlaß, Mirtl zu necken und ihm den Rat zu geben, sich für den Fall, daß sein Pate bald das Zeitliche segnen sollte, eine der geldigen Jungfrauen zu sichern.

Mirtl, der an solchen Neckereien kein Gefallen fand, war froh, als sich die Übermütigen endlich von ihm einem anderen aus ihrem Kreise zuwandten, um ihn zur Zielscheibe ihres Witzes zu machen. Seine Blicke wanderten wieder zum Landsbauerntische, wo man so eifrig bemüht war, sich bei den stolzen Mädchen in Gunst zu setzen. Nur eine wurde in fast beleidigender Weise übersehen, weil sie ja ein Krüppel war. Sie saß *in sich zusammengesunken, freudlos im Tischwinkel oben; nicht einmal der Vater bekümmerte sich um sie. Der schien überhaupt sehr unter der Herrschaft seiner Ältesten zu stehen, denn er blickte sie während seines Gesprächs mit den Umsitzenden häufig an, sich gleichsam um ihre Meinung über das Gesagte erkundigend. Ihr Gesichtsausdruck blieb jedoch immer gleich streng, sogar dann, wenn sie ein Lächeln um ihre schmalen Lippen spielen ließ. Sie hatte ja kein herzliches, freundliches Lächeln, wie er es z. B. heute schon einmal an der stillen Nanni beobachtet, sondern nur ein förmliches oder selbstgefälliges. Die übrigen Schwestern richteten sich in allem zu sehr nach ihr, als daß ein Inslichttreten ihrer etwaigen Vorzüge möglich gewesen wäre. Ja die Nanni, die blieb allein die eigene, dafür aber auch zurückgesetzte und fortwährend getadelte. Bald stieß die eine sie an, doch ihr Kopftuch zu richten, welches von der Stirne zurückzugleiten und das braune, glänzende Haar den Blicken preiszugeben begann, bald rügte die andere, was aus ihren Gesten zu erkennen war, Nannis zusammengesunkene Haltung. Schließlich sah Mirtl ganz deutlich ein paar Tränen den Augen des Mädchens entfallen und über die blühenden Wangen hinabgleiten. Er sah, wie es sich erheben und gehen wollte, wie das aber eine große Bewegung, einen allerdings nur mit Blicken und Gesten geführten Streit unter den vieren hervorrief. Der Landsbauer machte dem ein Ende, indem er sich erhob und so laut, daß man es bis zu Mirtls Tisch hören konnte, in einem väterlich gütigen Tone sagte: „Hoamgeh' willst positiv scho'? Daß denn du gar nöt a bißl zan dahalt'n bist, du Hauswurz'n! So laßt's es halt in Gott's Nam' aus, Dirndln!" Die drei* standen auf, um die Schwester vorbeizulassen. Dabei schlugen sie die Augen zu Boden, um die Blicke der Neugier und des Mitleids nicht sehen zu müssen, mit welchen sämtliche Anwesende das Hinaushinken des bedauernswerten Mädchens verfolgten.

II.

Es war, als ob der alte Hellauer nur auf Mirtls Heimkunft gewartet hätte, um dem Alter die völlige Gewalt über seinen einst so robusten Körper zu geben. Er wurde von Tag zu Tag hinfälliger, die Beine trugen ihn kaum mehr über die Straße. So saß er denn meistens wie ein Stock, griesgrämig, in der Stube und beobachtete mit seinen stark hervortretenden Glotzaugen Maries lärmendes Herumwirtschaften. Zuweilen bellte er sie wütend an, wenn ein geheimer Ärger, der stets in ihm wühlte, besonders heftig nach Ausdruck verlangte. Sie sei ein unleidliches Weibsbild, schrie er dann, die ihm mit ihrem Gepolter die letzten Tage vergälle. Zwei nichtswertige Leute habe er sich an ihr und – dem anderen hergezogen, die nicht verdienten, seine Sach' zu erben. Froh wären sie wohl alle beide, wenn er heute schon seine Augen zumachen würde. – Marie verteidigte sich gewöhnlich mit all ihrer Zungenfertigkeit. Sie sei nicht undankbar, sie denke eher an ihren eigenen Tod, als an den des Paten, sie tue, was in ihren Kräften stünde, Haus und Hof in Ordnung zu halten. Und für den anderen könne sie nichts, von dem habe sie selber wenig Gutes.

„Er schaut mi' kaum an, red't nix mit mir!" entfuhr es dem Alten einmal und klagte mit diesen Worten seinen ganzen Gram und Jammer, den Jammer eines einsamen, alten, ungeliebten Mannes. – Wie hatte er sich auch heimlich gefreut, als er den strammen Burschen, seinen Pflegesohn, wieder über seine Schwelle hatte schreiten sehen. Wie hatte er so fest gehofft, daß es nun anders werden würde zwischen ihnen als früher, wo Mirtl sich stets scheu von ihm zurückgezogen hatte. Er besaß ein Gemüt, der Alte, trotzdem sein Aussehen alles eher glauben ließ als dies. Und er liebte jemanden mit aller Wärme dieses Gemüts. Daß dieser Jemand Mirtl war, ahnte weder dieser selbst noch wußten es andere Leute. Nur eine einzige wußte es, und die hütete sich wohl, davon zu sprechen; denn es hätte Wind ins glimmende Stroh sein und all ihre so schön ausgeheckten Zukunftspläne verderben können. Besser war's, sie schwiegen sich beide voreinander aus, die trotzigen Kunden, und trennten sich endlich, jeder mit dem Glauben im Herzen, daß der andere ihn nie hatte leiden mögen. –

Schlau, sehr schlau war sie, Mirtls Schwester. – Drum blickten ihre Augen so zufrieden, wenn der Bruder sich tagelang nicht in der Stube sehen ließ, wenn er lieber in Wind und Regen draußen arbeitete; wenn er auch die Mahlzeiten so hastig als möglich einnahm, um nur bald wieder aus der Nähe des Alten zu kommen. Drum war sie so geheimer Freuden voll, wenn selbst die Sonntagnachmittagsstunden, in denen der Hellauer wohl gern ein Wörtlein mit dem Jungen hätte reden mögen, ihm von den Burschen des Dorfes vorweggenommen wurden. Denn gleich einem Immenschwarm kamen sie dann daher, Mirtl umwerbend wie eine Hochzeiterin und ihn schließlich mitzerrend, ob es ihn nun freute oder nicht. Man hatte den gemütlichen, gutherzigen

Kameraden gar zu gern, ohne ihn war jede Gesellschaft nur halb. Auch verlieh sein Dabeisein dem etwas
windigen Chor ein besseres Ansehen. – Mirtl hätte
vielleicht lieber im Kreise älterer Männer gesessen, sein
ganzer Charakter war darnach; aber was half 's. Das
Spaßverderben brachte er nicht übers Herz, – und er
zählte ja selbst erst dreiundzwanzig Jahre. Außerdem
wollte er nicht ein zweites Mal hören, was ihm bald
nach seiner Heimkunft ein Dorfkamerad vorgeworfen,
als er sich geweigert hatte, ins Wirtshaus mitzugehen:
„Du möch'st di' wohl glei' auf amal einschmeicheln bei
dein' Göd'n, daß er dir no' bei Lebzeit'n 's Haus gibt."
– Erbschleicher war er keiner, wollte auch dafür nicht
gelten. Und so tat er, was ihn im stillen oft schmerzte,
mied seinen Pflegevater und lebte als ein lustiger Bursche, bis eines schönen Morgens, – es war mittlerweile
Herbst geworden, – der Knecht vom Landsbauern in
des Hellauers Stube trat und folgendes vorbrachte:

„Beim Landsbauern lassen enk d' Post toa[7], sie
dresch'n heut' aus. Und es möcht', wer bei enk los kann,
kemma geg'n Widerhilf', denn es is a Mann z'wen'g bei
der Maschin'."

Da war selbstverständlich nichts zu erwidern. Mirtl
legte den Löffel weg und ging mit dem Knecht zum
Landsbauern, diesem seines Körpers Kraft für einen
Tag zur Verfügung zu stellen.

Die Dreschmaschine, eine mit Handbetrieb, war
bereits im Gange, als er ankam; der große Stadel wim-
melte von Leuten. Denn es ist Brauch, daß zu solcher
Gelegenheit jeder Dorfbauer einen oder zwei Arbeiter
stellt, um, wenn an ihn selber die Reihe kommt, gleich-
falls die nötigen Hilfskräfte zu haben. Da gehen sogar

[7] tun

die Bauernssöhne und Töchter selber hin, nicht nur, um den betreffenden Nachbarn dadurch zu ehren, sondern auch deshalb, weil der „Denglboß", wie der letzte Dreschtag genannt wird, stets mit einer Schmauserei beschlossen zu werden pflegt. Mirtl sah sich nicht sonderlich viel um, als er unter die staubumwirbelte Menge trat. Er entledigte sich seines Rockes, griff die nächstbeste Heugabel aus der Öse und stellte sich in die Reihe derjenigen, die das aus der Maschine herauskommende Stroh durchzuschütteln und wegzuschaffen hatten. Erst nach einer Weile gewahrte er, daß sein Nachbar zur Linken ein Frauenzimmer, daß es die Franz war. Sie nickte ihm lächelnd zu, ein Sprechen war bei dem Getöse, welches das Räderwerk der Maschine machte, nicht möglich. Ihm mochte in dieser Nachbarschaft wohl etwas unbehaglich zumute sein, denn jeden Augenblick schielte er seitwärts nach den vier Treibern an der Maschine, ob sie nicht bald nach Ablösung verlangen würden.

„Aushalten!" tönte es endlich durch den Stadel, und da atmete er auf. – Mit aller Lust legte er sich bei der nun beginnenden Tour ins Zeug, es tat ihm wohl, sich so recht anstrengen zu können. Atmungsbeschwerden wie den anderen kamen ihm nicht, am liebsten hätte er die Maschine allein getrieben. Tatsächlich ließ er sich die nächste und noch mehr der folgenden Touren nicht ablösen und trat erst weg, als „zum Brot!" gerufen wurde. Alles begab sich hiezu in die große, saubere Stube, welche schon vom Duft der verschiedenen Festbäckereien angenehm durchzogen war. Mirtl setzte sich in der Nähe der Türe nieder, obwohl Franz ihn wiederholt aufgefordert hatte, doch am Tisch vorne Platz zu neh-

men. Er schnitt sich ein Stück vom Brot, das sie brachte, nahm den Trunk aus ihren Händen und wandte
dann den Kopf nach dem Ofen hin, wo, glühend vor
Hitze und Fleiß, Nanni stand und Krapfen backte.
Franz folgte seinem Blick und hielt es für angezeigt,
einmal dort nachzusehen. Sofort fand sie manches zu
tadeln, die Hitze war zu jäh, die Krapfen hatten zuviel
Farbe und zu wenig Form. „Bist halt an ung'schickt's
Trumm", sagte sie ärgerlich, „alleweil sollt' ma' hinter
dir steh'."

Eine köstliche Freude durchfuhr Mirtl, als er die Ge-
scholtene mit einem Male resolut sagen hörte: „Möcht'
wiss'n, wer 's Trumm eigentli' is, i' oder du!" Sie hatte
es aber im nächsten Augenblick schon zu bereuen, denn
ein wütender Puff ließ sie, die ohnehin schwach Stehende, seitwärts taumeln. „Geh' weg", zischte Franz,
„du verdirbst die ganz' G'schicht'!"

Nanni hinkte zur Türe hinaus, so schnell sie konnte.
Mirtl stürzte ihr nach, besinnungslos, es riß ihn förmlich mit. Er sah sie durch die Scheune in den Garten
eilen, dort bei einem Baum niedersinken und lautlos
weinen. Im Nu war er bei ihr, nahm ihre Hände und
tröstete sie wie ein Kind.

„Nannei, hör' auf, woan' nöt. Laß di's nöt a so
schmerz'n, Nannei!"

Sie wischte sich auch sogleich die Tränen von den
Wangen und schaute mit klagenden Augen zu ihm
auf.

„Beständi' macht s' mir's a so, Mirtl. Schama muaß
ma' si' vor 'n Leut'n. I trau' mir nimma in d' Stub'n
eini."

„I' sag's ja, G'schwisterat halt!" mehr wußte er nicht.

Auch sie schwieg und beide sahen sich nun voll herzli-
cher Innigkeit in die Augen, lange. Dabei fuhr er ihr
mit der Hand streichelnd über das braune Haar, tät-
schelte zärtlich ihre Wangen. „Bist so arm, Nannei!"

Da raschelte es plötzlich hinter ihm im Grase. Nanni
fuhr erblassend in die Höhe. Als er umsah, erblickte er
ihre Schwester Vroni, die gekommen war, sie zu ho-
len, da die Brotzeit zu Ende und sie wieder am Herd
benötigt wurde. Vroni machte ein gar eigentümliches
Gesicht, hütete sich aber, Mirtl zu beleidigen. –

Der Abend brachte den jungen Leuten trotz Schmaus
und Trinkgelage insoferne eine Enttäuschung, als eine
der Hauptpersonen des Tages, der Hellauer Mirtl, voll-
ständig auslief, d. h. kein bißchen Lust und Freude
zu irgendwas bekundete. Er war auch der erste, der
sich zum Gehen erhob. Das freundliche Protestieren
des Landsbauern dagegen war ebenso wirkungslos wie
die dringenden Bitten seiner Töchter, die ihm vorstell-
ten, daß er durch seinen frühen Aufbruch der ganzen
Gemütlichkeit ein Ende mache. Denn wenn einer, –
wenn er ginge, meinte Franz mit schmollendem Blick,
dann würden die übrigen auch nicht mehr zu halten
sein.

„Sie wer'n si' weg'n meiner nöt irr' macha lass'n",
sagte er, seinen Hut aufsetzend. „I' dank' halt' iatzt
schön für Speis und Trank und wünsch' enk a guate
Nacht beinand." Ein einziger scheuer Blick flog noch
zum Ofen hin, wo Nanni saß, und dann ging er lang-
sam hinaus. –

Bald darauf verließen auch, wie Franz es richtig vor-
hergesehen, alle übrigen das gastliche Haus und zogen
erst noch eine Weile singend und jauchzend durchs

nächtliche Dorf, bevor sie sich entschlossen, ihre Heim-
stätten aufzusuchen.

Die vier Schwestern aber und der Landsbauer standen noch in der Stube, als dieselbe längst leer und
aufgeräumt war, denn es wurde Gericht gehalten über
Nanni, welche sich und die Franz heute so arg bla-
miert hatte.

„Was is denn eigentli' in di' g'fahr'n g'we'n?" fragte
diese in ihrem beißendsten Ton. „Bist sunst nöt so emp-
findli', weg'n was führst denn heut' weg'n an Wörtl
oder zwoa a solchene Kumödie auf? – Hast ebber d'
Märtyrerin spiel'n mög'n vorm Hellauer Mirtl?" Und
sie lachte laut und höhnisch auf.

Nanni, blaß bis in die Lippen hinein, schwieg, aber
aus ihren Augen sprach deutlich die namenlose Entrüstung über die Schmählichkeit der Schwester.

„G'steh's nur ein", fuhr diese, immer lachend fort,
„daß d' so was im Sinn g'habt hast, mit dein' närri-
schen Davonrenna. – Du hast es wahrscheinli' selber
g'sehng, Vater?"

„I' paß nöt auf, was ös alleweil miteinander habts",
erwiderte der Alte ärgerlich.

„Na, es is aa vorbei iatzt. – Nur", – und hier faßte
sie die Gerichtete scharf ins Auge –„möcht' i' wiss'n,
Dirndl, was da dir zweg'n dem Mirtl eigentli' denkst?
– Hast di' ebber verliabt in eahm? – Mögli' is ja all's –"
Hier stimmten die beiden anderen Schwestern ebenfalls
in Franzens Gelächter mit ein, denn der Gedanke, daß
Nanni, der Krüppel, sich – verlieben könnte, dünkte
sie doch zu komisch.

Einen Moment war's, als ob die so Gequälte sich auf
ihre Peinigerin stürzen wollte, dann aber, sich vielleicht

ihrer Schwäche erinnernd, drückte sie die geballten Hände vor die Stirn und brach in lautes Schluchzen aus.

„Woan' no' gar aa, du kindisch' Ding!" schalt Franz, anscheinend milder werdend. „Es wär' ja eigentli' aa koa' Verbrecha nöt, wann's a so wär', wia i' g'sagt hab', aber an Unsinn wär's, a Lächerli'keit. Dös siahgst doch ei', daß d' Leut nöt schlecht spott'n wurd'n, wann sowas bekannt wurd'. Du mit dein' Gehwerk!"

„Na, dafür kann s' nix!" wagte nun Vroni einzuwenden.

„Selbstverständli', das woas i' so guat wia du, dös brauchst mir du nöt erst z'sag'n! – Mir derbarmt's aa g'wiß herzli' gnua', daß s' unser Herrgott zu so an Dürftling[8] hat wer'n lass'n."

„Und muaßt ihr's doch beständi' vor d' Aug'n führ'n!" konnte sich der Landsbauer nicht enthalten, ingrimmig hervorzustoßen.

„Nur, wo's sei' muaß, Vater! – Sie is aa a jung's Dirndl und koan' Augenblick sicher, daß ihr nöt Gedanken in 'n Kopf kemman, die bei ihr koan' Wert hab'n. Und da derf ma's ihr scho' sag'n."

„Nix brauchst mir du z' sag'n!" brach nun Nanni plötzlich aus. „Du mir am allerwenigsten! Denn du – du bist selber so armseli', nöt aussprecha kann maa's! – Glaubst, i' woaß nöt selber, wia i' d'ran bin? – Aber wann i' glei' a Dürftling bin, so möcht' mi' am End – "

„Möcht' di' am End' der Mirtl do' glei' vom Fleck weg heirat'n! Ha ha ha! Da hat ma's ja, was han i' denn g'sagt?"

„Geht's", rief nun der Landsbauer endlich mit aller Strenge, „i' will nix mehr hör'n, – nöt oa Wort mehr!

[8] Krüppel

– Legt's enk ins Bett und schlaft's!" Nanni trat vor ihn hin, einen Ausdruck grenzenlosen Jammers im Gesicht, und sagte:

„Nur oa'mal, Vater, laß mi' aa red'n, i' bin nacher gern wieder stad[9] und sag nix mehr! – Nöt ums Liab'n oder ums Heirat'n is mir, – i' denk' nöt dra', weil i' woaß, dass 's a Sünd' und a Spott waar für an Krüppl wia mi'. Aber nur dös Elend wann Gott von mir nahm', daß i' mei' Leb'n neb'n meine Schwestern zuabringa sollt! Das kann i' nöt trag'n! Denn es gibt nix Entsetzlicher's auf der Welt für an Mensch'n als wia schlechte G'schwisterat!" –

Arme Nanni! Der diesem ihren Herzenserguß folgende Auftritt sowie das Leben noch so manchen Tages bestätigten die traurige Wahrheit ihrer Worte kräftig genug.

III.

Der Mirtl war seit dem Dengelboß beim Landsbauern ein merkwürdiger Mensch geworden, ein ganz anderer als früher. Die Burschen sagten es, die ihn nicht mehr haben konnten, wenn sie ihn abends zu Streifereien durchs Dorf und sonntags zu fröhlichen Gelagen ins Wirtshaus abholen wollten. Marie wiederholte es, wenn er, der sonst so ungern in des Paten Nähe verweilte, nun stundenlang auf der Ofenbank saß, sogar seine Ausbesserungsarbeiten an Holzgeräten, mit denen er sich bislang immer in irgendeinen Hof- oder Scheunenwinkel zurückgezogen hatte, in der Stube vornahm. Der Hellauer selbst dachte es, wenn der Pflegesohn, der früher nicht ein einziges Mal aus eigenem Antrieb zu ihm gekommen, jetzt des öfteren ein Gespräch mit ihm

[9] still

158

begann, ihn um seine Meinung in Wirtschaftsangele-
genheiten befragte und sich sogar ab und zu nach sei-
nem Befinden erkundigte. Er war völlig außer sich, der
Alte, vor Freude über diese Wandlung und hätte am
liebsten sogleich Haus und Hof an Mirtl abgetreten.
Tatsächlich kamen eines Tages zu Maries grenzenlo-
ser Verwunderung ein halbes Dutzend Handwerker,
Maurer und Zimmerleute angetrabt und begannen das
sogenannte Inhäusl, welches neben dem Hauptgebäude
stand und das schon längere Zeit nicht mehr bewohnt
war, niederzureißen, um ein schönes Nahrungshaus[10]
dafür an seine Stelle zu setzen, wie sie schmunzelnd
sagten. Mirtl selbst war vom Alten beauftragt, fleißig
mitzuhelfen und achtzugeben, daß nicht schlauderisch
gearbeitet werde. Denn wenn er, der Alte, selbst auch
den Neubau vielleicht nicht allzu lange mehr bewoh-
nen würde, könne doch nach langen Jahren der Fall
eintreten, daß Mirtl ihn beziehen und dann am eige-
nen gebrechlich gewordenen Leibe durch Feuchtigkeit,
Zugluft und dgl. abbüßen müsse, was jetzt geschlampt
worden war. Mirtl lächelte zu solcher Rede und dachte
sich im stillen selber eine andere zusammen, die er dem
Paten zu gelegener Stunde vortragen wollte. − Marie
aber war krank vor Schrecken und Zorn. Denn nun
sah sie plötzlich das Ziel ihres bisherigen Lebens und
Strebens vor ihren Augen versinken, sah sich enterbt,
um den selbstbestimmten Lohn für all ihr Arbeiten und
Sorgen betrogen. Und wie wenig Mühe hatte Mirtl ge-
braucht, dies zustandezubringen. Bloß ein bißchen so-
lid und freundlich tun, ein wenig herumscharwenzen
um den alten Narren, und der warf ihm sein ganzes
Besitztum zu, noch selig dabei, daß er's überhaupt

[10] *Austragshaus*

159

nahm. „Vergiften könnt' ich sie alle zwei!" dachte sie weinend vor Wut. Aber dann begann sie zu überlegen, ob es nicht doch vielleicht noch möglich war, das Schreckliche abzuwenden. Wenn sie Mirtl neuerdings verleumden, wenn sie ihn als schlauen Erbschleicher hinstellen könnte! – Gerade die Veränderung in seinem Wesen, die den Alten so freundlich gestimmt, konnte hierbei als Beweis angeführt werden. Hatte dieser schon sie, die sich von Kind auf um seine Gunst bemüht, so oft wohldienerisch und berechnend gescholten, um wieviel mehr mußte er den Bruder dafür ansehen, der 's doch erst seit kurzem so augenfällig betrieb! – Sie wollte den Paten unverzüglich aufmerksam machen, wollte versuchen, ihr bedrohtes Glück zu retten. –

Wie der Hellauer diesen Versuch aufgenommen, bekundeten einige Flüche und nichts weniger als zarte Kosenamen, die er der schleunigst Enteilenden noch durch die offene Türe nachschrie:

„Hex, rotgfriserte, kimm mir nimmer a zweit's Mal auf die Weis'! Drack, miserabliger, selber a Heuchlerin, wo'st oane hinbrauchst! – Möcht' mir ebb's weismacha! – Da red't ma' von an G'schwisterat! Vertilg'n möchte 'oa's dös ander' vor lauter Haßack und Neid! – Phn!" Und er ließ seine Glotzaugen so weit hervorquellen, daß Mirtl, welcher eben nichtsahnend eintrat, erschrocken an der Tür stehen blieb.

„Hat's ebb's geb'n?" fragte er ein bißchen ängstlich, denn ihn bangte angesichts der schlimmen Laune des Pflegevaters um den Erfolg seiner längstgeplanten Rede, die er gerade jetzt vom Stapel lassen wollte.

„Geb'n!" plusterte der Hellauer, indem er sich schwer schnaubend am Tische niederließ. „Geb'n muaß all-

weil ebb's, wo so a Trud umeinander weihretzt wia das Mensch oane is. – Dei' Schwester moan' i'."

Mirtl wandte sich unangenehm berührt ab. Ihm waren die häufigen Zänkereien zwischen den beiden ein Abscheu, dem er auswich, wo er konnte. Jetzt freilich durfte er nicht mehr kehrtmachen und mußte wohl oder übel die weiteren Schimpfreden des Erzürnten anhören. Zu seinem Erstaunen aber blieben sie aus, und als er nach einer Weile den Blick wieder auf den Alten richtete, sah er ihn so ruhig am Tische sitzen, als ob gar nichts vorgefallen wäre.

„Wia steht's mit der Bauerei?" hörte er ihn fragen.

„Guat. Wann's a so weitergeht, setz'n mir schon heut' acht Tag' 'n Dachstuhl auf."

„Dös is recht, je schneller dass 's geht, desto liaba i's mir. I' bin nämli' scho' froh, hörst, wann I' umzoihg'n kann."

Mirtl hätte nun verwundert fragen sollen, weshalb und wem zuliebe, hätte sich verwirrt stellen sollen ob des ihm unvermutet und unverdient zufallenden Glücks. Auch einige Versuche, den Alten zum Fortwirtschaften auf seinem Hof zu bewegen, wären am Platze gewesen. Aber dem geradsinnigen und aufrichtigen Burschen widerstrebte ein derartiges Gebaren, und er fragte nur in einem Ton, aus dem etwas wie Beschämung herauszuhören war, ob es dann nun wirklich beschlossen sei, daß er das Anwesen übernehme. „Ja und i' moan, i' derf dir d' Zung nöt schab'n", versetzte der Alte mit lauerndem Blick.

„Naa", war Mirtls ernste Erwiderung, „dös braucht's g'wiß nöt. I' woaß 's scho' z'schätz'n, Göd, woaß, daß i' dir die Guatheit mei' Lebtag net g'nua danka kann."

„Na, muaßt mir leicht scho' a schöne Nahrung[11] aus-fertinga! Und für dei' Schwester hast allweil no' a paar Tausend z'schwitz'n, verstehst?"

„Dös kannst macha wia'st willst, Göd, is ja all's dei' Sach. – I möcht' dir nur dös sag'n, daß – ja, mit 'm Heirat'n, da han i' mir denkt –". Nun war doch die so schön ausgedachte Rede zum Kuckuck, Mirtl kam aus dem Stottern nicht mehr heraus. Der Pate starrte ihm neugierig ins Gesicht, es fiel ihm nicht ein, dem Burschen aus der Verlegenheit zu helfen.

„Die i' mir ausg'suacht hab' zan Heirat'n, – 's Lands-bauerndirndl, – han i mir' denkt, möcht' dir am End scho' recht sei'."

„'s Landsbauerndirndl?" fragte der Alte überrascht. „Ja, die welche denn? – Es hand ja a drei a viere da, glaub' i'"

Mirtl fuhr sich mehrmals mit der Hand über den Kopf, ehe er 's hervorbrachte, das schier Unglaubliche, daß seine Wahl auf Nanni, den Krüppel, gefallen sei. Die Augen des Alten weiteten sich auch demgemäß, sei-ne schweren Hände tappten nach dem Tisch, als fürchte er, daß derselbe vor ihm versinke, und dann riß er den Mund auf zu einem lauten, entsetzten „Naa!"

„Die Hinkat, mit der ihra Voda soviel umadoktern hat müass'n? – Das Krüppö? – Naa!"

„Es is an arm's Ding, mir derbarmt's!"

„Und da willst es heirat'n?"

„Ja, weil i's mag."

„I' mag's nöt! I tat mi' schama für di'! – I kunnt's nöt anseh'n, a so a Kreuz im Haus! – Und, für dei' Lebtag! – D' Leut wurd'n sag'n, du bist a Narr!"

„D' Leut' geb'n mir nix dazu."

[11] Nahrung = der ausbedungene Teil von allen Erträgnissen eines Bauerngutes.

162

„I aa nöt, Bua."

„Nöt?"

„Naa!"

*„Is aa recht", sagte Mirtl, nun tiefaufatmend. „Nach-
her g'halt dir's nur dei' Sach', Göd, i' hätt' so wia a so
koa' Freud damit, ohne dös – Krüppl – Iatzt probier
i's halt, ob 's mi' als arma Kund'n no' mag." Er ging
hinaus und stand zehn Minuten später in der Stube
des Landsbauern, diesem gegenüber. Zwei Mädchen
saßen mit einer Handarbeit am Tisch, Nanni stand an
der Türe, atemlos wie die anderen dem Vortrage Mirtls
lauschend. Franz war schon bei seinen ersten Worten,
von denen sie nur „a deinige Tochter" und „heirat'n"
verstanden hatte, erglühend hinausgeeilt, wohl in der
Meinung, es handle sich um sie.*

*Als Mirtl fertig war, sagte der Landsbauer folgen-
des. „Es g'freut mi', daß d' mei' Tochter guat g'nua
g'fund'n hätt'st, aber leider Gottes, i' derf nöt ja sag'n,
so gern i's taat. Du woaßt scho' warum. Du bist a
strammer Bursch, hast was z' g'wart'n vo' dein Göd'n
und derfst dir dei' Braut in die größt'n Häuser aussu-
acha. – Hätt'st an anderne vo' meine Töchter g'nennt,
waar aa mei' Antwort anders ausg'fall'n."*

*„Und was saget denn 's Nannei selber dazua?" wand-
te sich Mirtl mit einem unglücklichen Lächeln an das
wie versteinert dastehende Mädchen.*

„Sie wird nöt anders red'n wiar i'."

*In der Tat, Nanni redete nicht anders, sie sagte
überhaupt kein Wort. Nur den Kopf schüttelte sie, und
genau so unglücklich, so verzerrt lächelte sie wie er.
Dann setzte sie sich auf die Bank hin und nahm ein
dort liegendes Strickzeug zur Hand.*

„Ja, wann's a so is, da han i' freili' nix mehr z' sag'n“, kam es nun tonlos von seinen Lippen. „So nehmts ma' halt nix für unguat, Landsbauer. – I hätt's ehrli' g'moant.“

„Das woaß i', das wiss'n mir allz'samm'! Und wia g'sagt, wannst an anderne von meine Dirndln g'nennt hätt'st –“ Mirtl nannte keine andere. Er entfernte sich, ohne die dargebotenen Hände des Alten mehr zu beachten.

„Wer lärmt denn heut' gar so bei enk drin'?“ fragte am Abend des gleichen Tages ein am Dorfwirtshause vorbeigehendes Weib die heraußenstehende Magd. „Da geht's ja zua drinn wia im ewig'n Leb'n? – Habt's leicht Blaumacher?“

„Blaumacher, und dös was für oa'! Die lustinga Buam vom ganz'n Dorf! Der Kempmüllner Sepp, der Hofer Maxl, der Schmied Toni, der Lerchl Hans, der Hellauer Mirtl –“

„Was der Mirtl aa? – I' hab' g'moant, der is seit a Zeit nimmer a so? – d' Leut hab'n g'red't, daß er so viel a Guat toa' sollt iatzt.“

„O mei'! Hör' mir auf mit dem Guat toa' von an Buam von E…! Wann s' aa hie und da amal 'n Kopf a bißl ei'stecken, lang halt's koaner aus. Derf si' nur oaner dahoam amal mit die Alt'n z'kriag'n wia der Kempmüllner, nachher hast 'hn scho' da. Und der Mirtl gar müaßt net von der Art sei'! Sei' rechta Vater hat Haus und Hof vertrunka.“

„Moanst, es tuat's der Suh'[12] aa?“

„Wann eahm's der Hellauer z'preis laßt, scho'. Der sauft wia a Stier!“

Vier Wochen später war's, an einem kalten Wintermorgen, als vor dem Hellauerhause ein mit zwei

[12] Sohn

164

schweren Pferden bespannter Schlitten hielt, den der Greinerwirt vom Markte N... hergesandt hatte. Zu gleicher Zeit trugen der Schreiner von E... und sein Geselle einen mächtigen schwarzen Sarg über die Straße her und stellten ihn vor der Haustür nieder. Denn der Flur war so von Leuten angefüllt, sämtliche in schwarzer Kleidung, daß sie erst warten mußten, bis die Mehrzahl derselben heraußen war, um mit ihrer Last hindurchzukönnen. – Merkwürdigerweise befand sich Mirtl unter der Menge, gleich als ob er ein Fremder und nicht der nächste Angehörige desjenigen gewesen wäre, der drinnen in der Stube auf weißem Bette lag, kalt und starr. Er stand ruhig mit dem Hut in der Hand da und blickte dem Sarge nach wie einer, den das Ganze nichts anging. Sein Verhalten wurde auch in einer dementsprechenden Weise kritisiert, am schärfsten noch von denjenigen, die selbst von Gemüt und Herz nicht viel mehr als die Bezeichnung wuß-ten.

„A bißl load derft eahm doch' sei'", flüsterte der eine, „denn der Hellauer hat ihn doch auf'zog'n wia an leiblich'n Suh." Der andere zuckte die Achseln und gab zur Antwort: „Wird 's 'hn leicht nöt a wen'g wurma, daß er 's Haus nöt 'kriagt hat, wiewohl er so sicher d'rauf g'hofft hat."

„Na, dafür hat's iatzt sei' Schwester und kann si' an Mann damit fisch'n. – I muaß's sag'n, dem Weiberleut vergunn' i's nöt, 'm Mirtl hätt's schon eher gebührt. - Wann er sich nur a bißl 'halt'n hätt', der dumm' Teufö! Aber sei' Saufa hat der Alt' nöt aussteh' könna."

„Ach was!" rief ein dritter fast laut, „dös is all's nur a G'wasch! Der Mirtl hat freiwilli' verzicht', i' woaß's

165

von oan', dem's der Hellauer selber verzählt hat. Vor a paar Wochen, g'rad eh' daß er krank wor'n is, hat er 'n Mirtl no' amal g'fragt, was er toa' will, ob er's Haus nehma will oder nöt, und hat der Mirtl g'sagt, er braucht's nöt, er wissat nöt, was anfanga damit. Denn zum Heirat'n hätt' er koa' Freud', und mit der Marie möcht er nöt haus'n."

Die Leute schüttelten den Kopf, lachten und nannten Mirtl einen sonderbaren Dummkopf. Und als einer gar noch erzählte, daß des Burschen Erbe einzig in dem neuerbauten Austragshaus und einem Stück des außerhalb des Dorfes gelegenen Obstgartens bestünde, verfiel er vollends dem Spott.

Aus der Stube erschollen jetzt dröhnende Hammerschläge, ein Zeichen, daß der Tote eben in den Sarg gelegt worden war. Ein Bauer erschien mit dem schwarzumflorten Kreuze und nahm hinter dem Fuhrwerke Aufstellung. Dann brachten mehrere Männer den mit brennenden Wachslichtlein beklebten Sarg heraus und luden ihn auf den Schlitten. Marie, welche als letzte aus der Türe trat, sperrte das Haus hinter sich ab, der Zug ordnete sich. — Und wie Mirtl so in demselben dahinschritt, bedachte er, was unendlich Trauriges es doch um ein Menschenleben ohne Liebe sei. Da hatte der Vater gestrebt und gespart, hatte ein Dasein geführt, so öde wie das nebeltrübe Winterfeld ringsum, hatte sich niemandens Liebe zu erwerben gewußt, nicht einmal die der zwei Menschen, denen er doch Gutes erwiesen. Jetzt fuhr man ihn dahin, gleichgültig wie man einen Baum zur Sägmühle fährt. Und der Tag würde kommen, wo ihm selber ein Gleiches geschah. Ein wirklich Leidtragender würde seiner Leiche eben-

sowenig folgen wie der des alten Hellauers. Denn wer liebte ihn? – Nicht einmal die eine, der er's doch so herzlich gut gemeint. Ob sie's wohl nicht einst bereuen würde, daß sie ein einsames, durch schwesterliche Bosheit vergälltes Leben einer Ehe mit ihm vorgezogen hatte? – Er selber konnte sie nicht vergessen, das wußte er. Nach einer anderen sich umsehen, – gar kein Gedanke mehr. Allein wollte er bleiben wie sie, sich die Jahre vertreiben so gut es ging; und wenn Freunde kamen, die Herzlichkeit gegen Herzlichkeit tauschen und sein einsames Dasein etwas erheitern wollten, so sollten sie ihm willkommen sein. – – –

Am Tage nach der Beerdigung trat er zu seiner Schwester und forderte sie auf, ihm sein Erbteil, das Austragshaus, um den Preis von 200 Gulden abzukaufen. Denn es gefiele ihm nicht, darin zu wohnen, es stünde zu nahe dem ihren. Er wolle sich eine Wohnstätte in dem Gartenteil außerhalb des Dorfes erbauen und darin als Binder, welches Handwerk er ja gut verstünde, sein Leben fristen. Marie, die sich über keine Idee des Bruders, den sie seit der Zurückweisung des größeren Erbes für zweifellos verrückt hielt, mehr wunderte, war mit dem Vorschlag einverstanden. Es konnte ja auch ihr nur angenehm sein, wenn sie ihn nicht mehr tagtäglich zu sehen brauchte und wenn das Anwesen unter so günstigen Bedingungen vollständig in ihren Besitz überging. Sie begaben sich sofort zum Notar nach N..., um den Kauf festzumachen. – Und in der nächsten Woche begann Mirtl mit dem Bau. Es wurde ein winziges Häuschen mit nur einer, allerdings geräumigen Stube, die ihm zugleich auch als Werkstätte dienen sollte. Eine Kammer und der Boden über bei-

den Räumen waren zur Aufbewahrung von Holzmaterial und verschiedenem Geräte bestimmt. – Die Leute lachten, als sie kamen, es zu beschauen und meinten, die „Kaluppe" sähe dem wunderlichen Menschen nur ähnlich. Der schwarzäugige Kempmüllner Sepp aber, der Hofer Maxl, der Lerchlhans und wie die jungen, lebensfrohen Burschen alle hießen, betrachteten es mit wahrem Entzücken. Sie schlugen an die Pfosten, rieben die noch schmutzigen Fensterscheiben, stiegen auf Tisch und Bänke und jubelten:

„Juhe, Mirtl, das wird unser G'schloß! Da können wir lusti' sein, ohne daß uns a Wirt in 'n Kruag schaut oder a Hausschandarm uns verhaft'!" Mit letzterem waren die Angehörigen gemeint und deren Gepflogenheit, ihre Taugenichtse von Buben gerade dann vom Wirtshause heimzuholen, wenn es am allerschönsten war.

IV.
„Und als der Herr Binder ins Niederland kam,
Juheirassa, ja kommen! – –
A neuer Faßbinder wär' hier!
Und wer was hat zum binden,
Juheirassa, ja binden,
Dem wird's gebunden bei mir!"

So sang der Mirtl in seiner Hütte, während über dem toten Garten draußen und den schneebedeckten Feldflächen die Winternacht lag. Er sang sein Lied sich selbst und den bereits braunangerauchten Wänden allein, denn keiner seiner Freunde, seiner Buam, wie er sie nannte, war heute aus dem Dorfe herausgekommen zu ihm. Und sie fehlten ihm, das verriet die düstere

Miene seines Gesichtes, welche so wenig zu dem heiteren Liede paßte, das bekundeten die unruhvollen Blicke, die er von Zeit zu Zeit nach der Türe sandte. Er hätte sich ja in den zwei Jahren, während derer er nun schon hier hauste, auch so sehr an sie gewöhnt, daß ihm keine Arbeit mehr von der Hand gehen wollte, wenn ihr wildes Gelärm ihn nicht umtönte. Dort standen ihre Schnitzbände, hing ihr Werkzeug, lagen Kleidungsstücke, Tabakspfeifen, Brasilgläser von ihnen herum, – warum wohl kamen sie nicht? – Wollten sie ihm etwa auch untreu werden wie der größere Teil der Kundschaft, die er sich anfangs mit so leichter Mühe gewonnen und die auf einmal ausgeblieben war, als die Nachsage, er verführe die Burschenschaft zu einem unsoliden Leben und halte ein völliges Lumpennest, allgemeine Verbreitung gefunden hatte. – Früher, hieß es, hatte man die jungen Leute, wenn sie blau machten, doch wenigstens gleich bei der Hand gehabt, aber wer mochte jetzt bei Nacht und Nebel vors Dorf hinaus, die Unbotmäßigen heimzutreiben! Früher hatte man auch hie und da ein Strafgericht über die Früchtchen abhalten dürfen, ohne gleich ein Ausreißen derselben für ein, zwei Tage zur Folge zu haben Jetzt aber bockten sie schon beim ersten unguten Wort und suchten Zuflucht und Trost beim Mirtl, beim „Lumpenvater", wie er bereits allgemein genannt wurde. Er war ihr Berater, ihr Lehrer, ihr Haupt. Ein Wort von ihm fruchtete mehr als tagelanges Bitten, Zureden und Schelten seitens der Väter und Mütter. Wie manche der letzteren steckte sich denn auch hinter Mirtl, wenn sie bei ihrem Sohn etwas erreichen wollte oder wenn ihr dessen Liebschaft nicht behagte. „Sag eahm's doch du, Mirtl, er soll das

Mensch[13] lass'n, das is koane für eahm!" Und Mirtl tat es, fast immer auch mit Erfolg. So hatte er den Kempmüller Sepp, seinen Liebling, zu veranlassen gewußt, ein Mädchen aufzugeben, an dem er mit Leidenschaft hing, dessen Eigenschaften aber durchaus nicht dazu angetan waren, ihn dereinst zu einem glücklichen Ehemann zu machen. Der Sepp war seither etwas kopfhängerisch, er saß oft stundenlang bei Mirtl, ohne ein Wort zu sprechen. – Wo der nur heute steckte! – Er horchte eine Weile nach der Türe und beugte sich dann wieder über seine Arbeit.

„Und als der Herr Binder ins Dorf nei' kam,
Juheirassa, ja kommen!
Sein Herz wollt' gebunden sein.
So komm', du schwarzbraunes Mädchen,
Juheirassa, ja Mädchen,
Du sollst meine Binderin sein!"

Hier hob Mirtl wieder den Kopf, erschrocken über sich selbst. Wenn ihn jemand singen hörte! Und gar von einer Binderin! – Es würde kein schlechtes Gelächter geben! Denn man war in dieser Beziehung eine Gesetztheit und Strenge an ihm gewohnt, daß der Gedanke, er könne sich auch nach einem weiblichen Wesen sehnen, allein schon komisch gewirkt hätte. Glücklicherweise war er noch keinem der jungen Burschen gekommen, seit sie hier verkehrten. Wenn sie ihn neckten, war es wegen seines immerwährenden Durstes und seiner Lebensweise, die, was Nahrung und Körperpflege anbelangte, mit der eines Wilden ziemliche Ähnlichkeit hatte. Er wusch sich nur, wenn er ausging, während
13 Mädchen

sein Hemd und seine übrige Kleidung überhaupt nie
erfuhren, was Seife oder Bürste waren. Eine Binderin,
die über die Reinlichkeit des allmählich verkommenden
armen Burschen sowie über die Sauberkeit der Stube
gewacht hätte, war eben nicht da. Diejenige, von der
er 's einmal so innig gewünscht, daß sie 's würde, kniete
wohl jetzt zu Hause beim Abendrosenkranz. – Er sah
sie deutlich vor sich, das stille, ernste Mädchen, mit
den tiefen Augen, deren trauriger Blick ihm am letzten
Sonntag, als er ihr begegnete, wieder ins Herz geschnitten hatte. So blaß war ihm ihr Gesicht erschienen, das
einst so blühende, und noch viel mühseliger ihr Gang
als früher. „Sie wird doch nöt krank sein?" dachte er
ängstlich. Doch dann fuhr er sich durchs Haar, seuf-
zend über die Beharrlichkeit, mit der seine Gedanken
immer wieder zu ihr zurückkehrten. Es nutzte ja doch
nichts, machte ihn nur traurig. – Sich zu zerstreuen,
sang er weiter:

„Und als der Binder ins Wirtshaus kam,
Juheirassa, ja kommen!
Frau Wirtin versteckt ihren Mann.
Will ich den Herrn Binder bedienen,
Juheirassa, bedienen,
Mit Braten und Bier, was ich kann."

Braten und Bier wären jetzt wohl recht! – Aber da
war, – nach dem leeren Ofen blickend sagte er sich's, –
von beiden nichts zu haben. Seit dem Ferneblieben der
Kundschaft sah es in seiner Küche oft mager aus. Und
sein Krug enthielt auch oft wochenlang nichts als Wasser. Mit den anderen zu halten, die sich nicht selten das

Bier faßweise aus dem Dorfwirtshause holen, verbot ihm sein Stolz. Es bedurfte jedesmal stundenlangen Zuredens, bis er sich herbeiließ, ihnen Bescheid zu tun. – Heute hätte er vielleicht eher nachgegeben, seine Sehnsucht war schon zu groß. – Und endlich hielt er es nicht mehr aus. Er ergriff einen neugefertigten Zuber, welchen die Dorfwirtin unlängst bei ihm bestellt, löschte das Öllämpchen und eilte aus der Hütte.

Seine Ahnung, die ihn nach dem Wirtshause zog, hatte ihn auch wirklich nicht betrogen. Er fand dort – zur Abwechslung einmal alle seine Lieblinge vor und wurde von ihnen mit stürmischem Jubel begrüßt.

„Wir hätt'n di' iatzt so wia a so g'holt, wannst nöt kemma waarst", erzählten sie ihm. „Denn wo d' Lumpen hand, muaß allweil der Lumpenvater aa sein!"

Längst war Mitternacht vorüber, als die übermütige Gesellschaft auseinanderging. Mirtl entfernte sich als letzter, und zwar in einem Zustande, der der Wirtin die besorgte Frage entlockte, ob er wohl glaube, ohne Begleitung heimgelangen zu können?

„Feit[14] nix, Alte, – feit g'wiß und wahrhafti' nix", lallte er, aus der Türe schwankend. – Draußen in der kalten Luft wich zwar der Rausch etwas; er schritt rüstig vorwärts bis zu der Stelle, wo der Weg nach seiner Hütte von der Straße abzweigte. Dann aber blieb er stehen, weil ein plötzlicher Schlafanfall ihn lähmte. Der übermäßige Biergenuß nach so langem Fasten übte seine volle Wirkung. Er setzte sich in den Schnee, nur um eine Minute zu rasten, wie er sich vornahm, setzte sich, um sofort einzuschlafen.

Als am frühen Morgen die Landsbauerntöchter zum Rorate nach N… gingen, fanden sie ihn dalie-

[14] fehlt

172

gend, ohne ihn aber in der Dämmerung gleich zu erkennen.

„A Rauschiger!" rief Franz. „Pfui Teufel!"

„Wann's nur koa' Toter nöt is!" meinte Vroni, sich furchtsam über ihn beugend. Da tat sie plötzlich einen Schrei und schlug die Hände zusammen. „O mein Gott, o mein Gott, der Hellauer Mirtl! – Den können wir doch nöt lieg'n lass'n! Gehts her, helfts mir, daß mir ihn aufbringen!" Die Mädchen waren schon an ihrer Seite, und ihren vereinten Anstrengungen gelang es als bald, ihn aufzurichten. Aber er taumelte und fiel wieder hin. „Laßts mi' schlafen", lallte er, „da is 's so guat!"

„Ja, lass'n mir 'hn schlafen, den ekelhaft'n Kund'n!" entschied Franz. Und voll unsäglicher Verachtung, schneidend auflachend, fügte sie hinzu: „Dein' Hochzeiter, Nanni, ha ha ha!"

Sie ging eilig weiter, die Schwestern folgten ihr. Nur Nanni blieb stehen, wie gebannt. Sie wartete regungslos, bis die drei weit genug waren, um sie, falls sie zurückblickten, nicht mehr sehen zu können. Dann kniete sie zu dem Burschen in den Schnee, ihn mit beiden Armen umschlingend.

„Mirtl, mei' armer, armer Mirtl, mei' All's!" rief sie laut.

Der Ton riß ihn aus seiner Betäubung, er öffnete die Augen und sah sie an. Ein Lächeln, wie es süß Träumenden eigen ist, ging über sein hageres, farbloses Gesicht. „Nannei, bist da bei mir? – Nannei?" flüsterte er. Dann legte er ebenfalls die Arme um sie und zog sie fest an sich. – Er würde wohl so bald nicht daran gedacht haben, die wundersame Umarmung zu lösen, *wenn nicht ihr Schluchzen, das wie ein Krampf ihren Körper schüttelte, ihn endlich emporgetrieben hätte. Er sprang, so schnell es ihm bei der Erstarrtheit seiner Glieder möglich war, auf und riß sie zu sich empor. Ein Stöhnen entrang sich seiner Brust, und Tränen, heiße Tropfen, stürzten ihm aus den Augen.*

„Nanni, gelt, so weit is's kemma mit mir! So entsetzli' weit! Und du stehst da und woanst um mi' – hast mi' leicht dennerst gern, – du – mi'?

„O mei' Mirtl, wann i' nur meine g'sund'n Glieder hätt', es wär wohl anders wor'n mit uns zwoa'."

„Für mi' wär'st g'sund und schö' g'nua' g'we'n, Nanni. I hätt' di' auf'n Händ'n trag'n. – Aber kunnt's denn nöt no' guat g'macht wer'n, – sag's!"

Sie schüttelte verzweifelt den Kopf. „Es is all's umasunst, Mirtl! – Meine Leut' schlaget'n mi' eher tot, iatzt gar, wost du a so – dran bist. Und mit mir is 's aa nimmer viel, i' moan', i' mach' mi' eher aus 'm Staub als oa' Mensch dran denkt. – – – Geh iatzt weiter, Mirtl, eh' daß wer kimmt! –"

„Gehst mit mir?"

„Ja, bis zu dein' Häusl. Muaßt halt a Geduld hab'n mit mein' Gehwerk, gelt?"

Er nickte nur, denn zu reden vermochte er jetzt nicht. Schweigend schritten sie dahin und hielten sich dabei an den Händen, – fest, als wollten sie nie mehr voneinander lassen. –

In Mirtls Stube herrschte noch halbe Dämmerung, als sie eintraten. Er führte Nanni zur Bank und setzte sich neben sie, immer ihre Hand in der seinen behaltend. Und dann hub er an, zu erzählen von seiner Einsamkeit und seinem traurigen Leben. Auch sie klagte ihm ihr Leid, das Martyrium, das sie zu Hause zu erdulden hatte. Der stete Endreim all ihrer Klagen war, daß es am besten wäre, wenn sie beide sterben könnten. Und als sie schieden, weinten sie bitterlich. –

Mirtl, allein, wollte sich auf sein Bett hinwerfen, denn er war todmüde und ein heftiger Frost schüttelte ihn. Da fühlte er sich plötzlich von zwei warmen Händen gepackt, und ein junges, hübsches, dunkeläugiges Gesicht hob sich vor ihm aus den Kissen. „Schreck' di' nöt, Mirtl, es bin's g'rad' i'", tönte es weich an sein Ohr. „I hab' mi' heut' Nacht mit mein' Stöfvatern wieder z'kriagt und bin nachher zu dir her."

„Seppi!"

„I han all's g'hört", fuhr der Kempmüller Sepp, denn der war's, leise fort. „Brauchst nöt fürcht'n, daß i' lach' dazua. Im Geg'nteil, derbarma tuast mi, recht herzli' derbarma!"

„Geh' her, leg' di' eina zu mir, zu dein' Lump'n! Geh' her, daß i' di' wärma kann."

„Es is mir aa nöt leicht g'we'n, das Lass'n von der mein'", sagte Sepp nach einer Weile traurig. „Wannst mir nöt du so oft zuag'red't hätt'st –"

„Und i' sag' dir's, Bua, daß i' damit nöt recht 'tan hab'!" brach hier Mirtl leidenschaftlich aus. „Daß i' dir ebb's zuag'fügt hab, dös mi' tausendmal kränkt! Liab' is Liab' und sollt' oan' heilig sein, ob iatzt der oane Teil als Krüpp'l veracht' is oder als was anders. Wannst 'hn du gern hast, g'halt dir 'hn und laß dir 'hn nöt nehma, denn wiast 'hn liabst, so trägst aa sei' Schwachheit. – Laß dir 'hn nöt nehma, Sepp, dein' Teil!"

„Wann s' mi' no' möcht' –! Glaubst es du, Mirtl?"

„Ja, i' zweifl' nöt dran."

Im Frühling, als alles grün geworden war und die Kirschbäume in schneeiger Blüte standen, zogen eines Morgens zwölf weißgekleidete Mädchen durchs Dorf, Blumen in den Händen und grüne Kränze auf den jungen Häuptern tragend. Sie klopften ans Tor des Landsbauernhauses, das sofort von anderen Weißgekleideten geöffnet wurde und fragten:

„Kemman wir bald g'nua', daß wir d' Nanni no' sehng können?"

„Ja", hieß es, „gehts nur schnell, bevor s 'in 'n Trauh[15] g'legt wird!" Und sie wurden in die schöne Oberstube des Hauses geführt, in welcher der Ausstattungsreichtum der Landsbauerntöchter ringsum in Truhen und Schränken und Glaskästen aufgespeichert war und wo inmitten desselben auf blütenweißem Bette die Nanni lag, selber einer Blüte, einer frühgewelkten gleich. Sie lag so friedlich und schön da, daß die Mädchen sich von ihrem Anblick kaum losreißen konnten. Blumen dufteten rings um sie, und auch die Mädchen legten ihre Sträuße noch dazu, „denn neue", sagten sie, „können wir uns noch brocken auf'n Weg zum Freithof."

Es ward am selben Tage im alten Markte N... eine schöne „Leich" gefeiert, mit großem Gepräng, mit Musik und vier levitierten Ämtern in der Kirche, denen eine reichliche Totenzehrung im Landsbauerschen Einkehrwirtshause folgte. Wie da Franz ihre Würde als Repräsentantin entfalten konnte! – – Sie flößte allen, die sie sahen, einen ungeheuren Respekt ein. –

Draußen im Friedhof aber, am verlassenen Grabe, kniete ein Mann und starrte bleichen Angesichts auf die frische Erde, die sein Liebstes deckte. Er redete noch mit ihr, die still da drunten lag, allem Leid entrückt.

[15] *Sarg*

176

Er nannte sie seine „Nannei", bat sie unter Tränen, ihn nicht zu vergessen. –

Und noch oft besuchte er sie, an Sonntagen, wenn die Menschen in der Kirche saßen und der Friedhof leer war. Er bildete sich dann ein, ihre Seele stiege aus dem Grabe und säße auf dem weißen Marmorstein, den die Landsbauersche Familie hatte aufstellen lassen, und spräche zu ihm. Dann bat er sie wohl flehentlich, ihm zu verzeihen, daß er noch immer der Lumpenvater sei. Er könne sich nicht mehr helfen, seit sie von ihm gegangen. Er dürfe auch seine Buben nicht verlassen, die ohne ihn, mochten die Leute reden, was sie wollten, – noch in ein weit schlimmeres Lumpentum versinken würden als das alte, verzeihliche war. Er wüßte sie vor so vielem zu bewahren, sie zu trösten und immer wieder aufzurichten, die armen Schlucker. „Denn", schloß er, „glaub' mir's, Nannei, a Lump is das Ärmste auf der Welt; es gibt nix Bedauernswerter's mehr."

Und die Lumpen blieben ihrem Vater treu, auch dann noch, als sie längst ehrbare, solide Ehemänner geworden waren. Denn das werden sie schließlich doch fast alle, die von der geschilderten Sorte.

Manchen geleitete Mirtl noch zu Grabe, unter anderen auch seinen „allerliebsten Buben", den Kempmüller Sepp, der durch einen Sturz vom hohen Zimmergerüst, welches er gelegentlich einer Hebefeier erstiegen, ein frühzeitiges Ende gefunden. Von da an fühlte sich der Lumpenvater alt, er trank und weinte still, weinte still und trank; bis man ihn eines Morgens in seinem Binderhäuschen fand, – eingeschlummert auf ewig.

In diesen letzten Monaten vor der Auswanderung zerschlagen sich für Emerenz endgültig hoffnungsvoll gehegte Heiratspläne mit dem Tittlinger Kaufmann Nikolaus Sedlmayr. Die verarmte Bauerntochter erscheint – trotz ihrer Position als Dichterin – nicht als die erwünschte gute Partie für den Sohn einer angesehenen Kaufmannsfamilie in dem bekannten Marktflecken.

Auch mit der Schriftstellerei kommt sie nicht recht voran. Das Ersuchen der Verlagsanstalt Jos. C. Huber aus Diessen am Ammersee *„um freundl. Uebersendung div. Manuskripte zur Prüfung"* wird von Emerenz wohl nicht beantwortet. Das Angebot, eine Stellung als 2. Redakteurin der katholischen Wochenzeitschrift *„Deutscher Hausschatz"* in Regensburg anzunehmen, wird von ihr abgelehnt. Die junge Dichterin befindet sich in einer Krise, die Zukunft erscheint ihr unsicher und ohne Perspektive. Ihr eigenes Schreiben, ihr dichterisches Talent stagniert.

Ein sehr offener, ja schonungsloser Brief des Freundes Hans Carossa, geschrieben in Passau am 18. Mai 1905, über ein Manuskript der Emerenz mit dem Titel *„Erisapfel"*, dürfte ihre trübe Stimmung kaum aufgeheitert haben.

18.05.1905

Liebe Senz!

Sehr gespannt auf den Geschmack des „Erisapfels" ließ ich mir sofort nach Empfang Deines zweiten Briefes die Geschichte geben u. las sie in einem Zug. Nun sehe ich, daß ich mir eine schwierige Aufgabe habe zuschieben lassen.

Um die Harmlosigkeit handelt sich's offenbar nicht bei der Sache, sondern um den, sagen wir „künstlerischen" Wert. Daß ich das Produkt nicht durch die Brille des Herrn K., der Geschäftsmann ist u. sein Publikum am besten kennen wird, sondern mit meinen eigenen freien Kulturmenschenaugen ansehen muß ist selbstverständlich. Und da muß ich Dir offen sagen: ich halte die Arbeit für die Schwächste, die ich von Dir kenne. Ich finde dabei weiter nichts: denn jeder macht mal was Minderes, selbst der alte Homer schläft manchmal, u. das nächste Stück ist dann meistens besser.

Ich vermisse nämlich diesmal gerade die Elemente, die den unzerstörbaren Wert Deiner früheren Arbeit ausgemacht haben. Die erquickende Echtheit des Tones, eine gewisse innere Wärme u. Zartheit des Empfindens, namentlich bei den weiblichen Personen; eine seltene Treffsicherheit des Ausdrucks. Die Menschen in dem neuen Stück sind sentimental, wo sie gemütvoll sein und roh wo sie urwüchsig-bieder sein wollen: Alkoholisten der Untersorte.

Daß Dir das Ganze sehr lieb u. wert ist, glaube u. begreife ich; Dir klingen Stimmen eigener Lebenserinnerungen aus den Zeilen, aber dem fremden Leser fehlt dieser Zauber; er hat nichts hineinzulegen.

Ich werde mich eines Ausspruchs Herrn K. gegenüber vollkommen enthalten u. ihm die Arbeit ohne Bescheid zurückschicken; aber erst, nachdem ich von Dir Bescheid erhalten, ob Du nicht einen kompetenteren Schiedsrichter weißt.

Ich selbst habe viel zu thun u. komm nicht fort.

Herzliche Grüße! Hans C.

Eine Reaktion der Emerenz auf diesen Brief Carossas – etwa in brieflicher Form – ist uns nicht
überliefert. Ebenso verhält es sich mit dem Text
„*Erisapfel*". Im Nachlass der Emerenz Meier findet
sich davon keine Zeile. Es ist zu vermuten, dass sie
den Text vernichtet hat.

Vielleicht haben aber alle diese Unannehmlichkei-
ten dazu geführt, in Emerenz den Entschluss reifen
zu lassen, möglichst bald der Heimat Adieu zu sagen
und mit der Mutter in die USA auszuwandern, wo
sich die anderen Familienmitglieder bereits aufhiel-
ten. Im März 1906 war es dann so weit!

März 1906: „Wir fahren nach Amerika!"

„Da zog ich trauernd übers Meer" – so lautet eine
Verszeile der Emerenz, *„Aus stillem Wald in die
Welt gejagt"* heißt eine andere. *„Fort oder nicht?"* hat
Emerenz eines ihrer Gedichte überschrieben, ein
anderes, inzwischen durch Monika Drasch konge-
nial in Musik umgesetzt und von der Komponistin
mit der grünen Geige wunderschön und einfühlsam
gesungen, nennt Emerenz Meier *„Sterbelied eines
Wäldlermägdleins"*:

Und muß ich dich verlassen,
So lebe wohl, mein Wald.
Die rauhen Stürme nahen,
Und Winter wird es bald.

O traurig ist das Scheiden,
Gilt es für immer gar!
O traurig ist das Sterben,
Wenn kurz das Leben war.

Die Nacht bricht an, es dunkelt,
Der Wald rauscht immerzu,
Ein Stern hoch oben funkelt,
Winkt mir zur ew'gen Ruh!

Abschiednehmen von der Heimat, vom Wald –
das war schon immer ein Leitmotiv in der Lyrik der
Emerenz Meier, so gut wie nie als fröhliche Ausfahrt
besungen, stets als trauriges, unfreiwilliges Gesche-

hen, als dunkles Schicksal, ja als endgültiges Sterben und Tod beschrieben.

Sie wird sich wohl so oder so ähnlich gefühlt haben, als sie im Alter von etwas mehr als 31 Jahren mit der 71-jährigen Mutter im März 1906 den Bayerischen Wald verlassen hat, um über Bremen und Rotterdam den Weg in die Neue Welt zu nehmen. Wir wissen nicht, ob ihr bewusst war, dass sie nicht mehr zurückkehren sollte. Am 17. März 1906 verließ ihr Schiff den Hafen von Rotterdam. Der Abschied wurde in der heimatlichen Presse nur sehr lapidar, kurz und nüchtern vermeldet:

„Emerenz Meier, unsere Waldler Dialektschriftstellerin, ist dieser Tage nach Amerika ausgewandert. Die Auswanderungslust nach Amerika ist gegenwärtig in unserer Gegend wieder sehr rege."

Bedauern, Trauer, Hoffnung auf Wiederkehr kann man aus diesen zwei Zeilen beim besten Willen nicht herauslesen.

Die Überfahrt selbst gestaltete sich wohl einigermaßen angenehm, die zwei Frauen konnten sich nämlich eine Kabine im Mitteldeck leisten, eine Tatsache, die – in unseren Tagen vor allem – zu den kühnsten, aber unbewiesenen Spekulationen über die Herkunft der dazu notwendigen Geldmittel führte. Woher das Geld stammte, weiß niemand! Erlöse aus letzten Verkäufen in der Heimat, Erspartes, Honorare, geliehene oder geschenkte Geldbeträge der Familienmitglieder (Vater, Schwestern), die bereits in den USA lebten und dort verdienten – davon kann man wohl ausgehen, wenn man die Angelegenheit nüchtern und sachlich betrachtet.

Will man dagegen Effekthascherei betreiben bzw. die zeitgenössische Sensationsgier befriedigen, dann muss das Geld natürlich durch Prostitution erworben worden sein, am besten nicht nur vor der Überfahrt, sondern auch noch während derselben! Überhaupt ist noch gar nicht geklärt, ob Tochter und Mutter Meier nicht doch in Bremen oder Rotterdam eine Bank überfallen oder einen zahlungsunwilligen Freier um die Ecke gebracht haben! Man weiß zwar nichts Endgültiges darüber, aber man kann schon heute alles behaupten! Warten wir auf den nächsten Emerenz-Meier-Film – Prädikat künstlerisch wertvoll –, der wird's uns erklären!

Zu klären ist aber tatsächlich vieles andere!

Warum Emerenz mit nach Amerika ging, erläuterte sie selbst damit, dass sie ihre alte Mutter nicht allein ziehen lassen konnte, die unbedingt zu ihrem Ehemann nach Amerika wollte. Warum sie dann aber nicht gleich wieder umkehrte, ist nicht geklärt. Vielleicht waren ihr Angebote einer Redakteursstelle in Regensburg zu vage, vielleicht waren auch frühere Heiratsüberlegungen, die sich aufgrund der finanziellen Misere der Meiers rasch zerschlagen hatten, mit ein Grund dafür, in den Staaten zu bleiben. Vielleicht erschien ihr auch die Zukunft als freie Schriftstellerin in Deutschland zu ungesichert? Schließlich hatte ja ihr Buch von 1896/97 noch keinen Nachfolgeband gefunden.

Die ersten Jahre der Emerenz Meier im deutschen bzw. bayerischen Einwandererviertel in Chicago ließen sich rein wirtschaftlich recht gut an, wie sie später in ihrem ersten erhaltenen Brief aus den USA an

Gusti Unertl in Waldkirchen selbstbewusst berichten konnte. Danach hatte sie vor dem 1. Weltkrieg ein Haus mit sieben Mietsparteien besessen, wohl ein Ergebnis ihres Fleißes und Einsatzes als einfache Arbeiterin.

Schon bald nach ihrer Ankunft in Amerika heiratete Emerenz im Oktober 1907 in Chicago ihren Landsmann Franz Schmöller aus dem Bayerischen Wald. Schmöller – wie Emerenz ein Auswanderer – war vermutlich ein Arbeiter, über den wir ansonsten nur sehr wenig wissen.

Betrachtet man das erhaltene Hochzeitsfoto von Emerenz und Franz Schmöller aus dem Jahre 1907, so könnte man vielleicht meinen, eine starke, dominierende Frau habe sich einen kleinen, schmächtigen Mann geangelt.

Der Ehemann, wohl auch ein Anfangdreißiger, sitzt auf einem Stuhl, den rechten Arm angewinkelt auf einem mit Blumen gezierten Beistelltisch. Die Braut hat die rechte Hand ihrem Bräutigam auf dessen linke Schulter gelegt und steht groß und stattlich links neben ihm. Beide sind dem festlichen Anlass entsprechend sehr gut gekleidet, Franz Schmöller im schwarzen Anzug mit Weste, Krawatte, Uhrkette und Sträußchen im Revers, die stolze Braut im feinen, bis zum Boden reichenden Gewand, mit weißem Spitzenschleier im Haar und Blumenstrauß in der Linken. Beide blicken ruhig und ernst in die Kamera.

Das Foto vermittelt den Eindruck einer gewissen feierlichen Vornehmheit, ja bürgerlichen Noblesse, wie das Hochzeitsfotos nicht nur in jener Zeit gerne tun. Armut, Verelendung, tiefstes Unterschichtenmilieu – Schlagwörter, mit denen man Emerenz Meiers amerikanische Jahre in Verbindung brachte – sind auf dem Bild nicht zu entdecken.

Franz Schmöller starb schon 1910 an der Schwindsucht, seine Witwe bewertete auch zehn Jahre später noch in einem Brief an Gusti Unertl (16.12.1920) seinen frühen Tod als *„Erlösung aus Leid und Elend“*. Im selben Brief nannte Emerenz ihre drei Jahre währende Ehe rückblickend als *„glücklos“*, woran auch die Geburt des einzigen Kindes Joseph Frank am 17. Juli 1908 nichts zu ändern vermocht hatte.

In einem weiteren Brief an Gusti (17.07.1923, 1. Brief) wurde sie deutlicher: *„Ich ward vom Mann mißhandelt, daß ich ihn fürs Gericht bringen mußte, habe ihn jahrelang ertragen, bis er starb.“* Gewalt in der Ehe – zu allen Zeiten und überall auf der Welt ein schlimmes und furchtbares „Thema“ – konnte von der US-Bürgerin Emma Schmöller selbstbewusst und emanzipiert im demokratischen Amerika mit Hilfe der staatlichen Gerichte „abgestellt“ werden. Ob das einer Emerenz Schmöller im katholischen Königreich Bayern auch gelungen wäre? Ob es ihr überhaupt eingefallen wäre, einen solchen notwendigen Schritt zu tun?

Nach dem Tod Schmöllers heiratete Emerenz in zweiter Ehe den aus Nordschweden stammenden John Lindgren, der als Expedient in einer Fabrik tätig war. An der Seite ihres gebildeten zweiten Mannes erlebte Emerenz nun gute Ehejahre, wogegen sich die ökonomischen Verhältnisse während des Weltkriegs allmählich auch für die kleine

Auswandererfamilie zu verdüstern begannen. John Lindgren war ihrem Sohn Joe ein liebender und treu sorgender Stiefvater, wie Emerenz später immer wieder an Gusti schrieb.

Ein von einem Fotografen in Chicago 1914 gefertigtes Bild zeigt Emerenz und ihren Sohn. Emerenz ist vierzig Jahre alt, der kleine Joe sechs Jahre. Die wohlbeleibte, sehr starke Mutter hat auf einem Stuhl Platz genommen. Sie ist – wie auf dem Hochzeitsbild sieben Jahre vorher – wiederum sehr gut gekleidet, trägt einen weitkrempigen Hut, der mit vielen weißen Blüten auffallend besteckt ist, hat ein zufriedenes Lächeln auf den Lippen und blickt offen und optimistisch in die Kamera, vielleicht auch ins Leben! Den rechts neben ihr stehenden kleinen Sohn – auch er mit Hut – hat die Mutter mit ihrer Rechten fest an dessen linkem Unterarm gefasst. Sie scheint ihn festhalten zu wollen, dem Kind ist die vielleicht etwas langwierige Prozedur des Fotografierens eher unangenehm, er schaut etwas ängstlich in die Kamera.

Emerenz aber, nunmehr Mrs. Emma Lindgren, 40, amerikanische Staatsbürgerin, Ehefrau, Mutter eines gesunden, wohlgeratenen und amerikanisch sozialisierten Jungen, thront gewissermaßen auf ihrem Stuhl, fühlt sich als freie Bürgerin gut, selbstbewusst, vielleicht auch glücklich und mit sich im Reinen. Liest man ihr Gedicht *„Mißgeschick"* dazu, so lügt auch dieses Foto von 1914, sucht uns Mrs. Lindgren etwas vorzumachen.

Mißgeschick

Ich hab einen Mann und hab ein Kind
Und lieb dies, mein eigenes Blut,
Auch bin ich fleißig und häuslich gesinnt,
Das ist ja alles sehr gut.
Ich bleibe daheim und scheine vergnügt,
Den Geist laß' ich sumpfig und brach;
Doch ob man nicht leidet und ob man nicht lügt? –
Dem frägt kein Teufel was nach.

Einst konnt' ich dichten und erntete Lob,
Da war ich trotzig gesinnt,
Hing, ob man mich bis zum Himmel erhob,
Den Mantel nie nach dem Wind.
„Frei sei der Dichter!" ein schönes Wort!
Doch daß ich es lebte, brach
Mir bald das Genick und ich mußte fort, –
Kein Teufel fragte darnach.

Nun hab ich zu leben und dichten verlernt,
Ich bin „des armen Manns Frau".
Mein innerstes Wesen dünkt mich entkernt,
Mein Streben ist ziellos und lau.
Man nennt mich ja gut, man lächelt mir zu,
Doch wenn einst das Herz mir brach
Und ich in der kühlen Erde ruh, –
Kein Teufel frägt was darnach.

Hochzeitsbild Joseph Schmöller und Emerenz
Meier, Chicago 1907

Emerenz schreibt auch in Chicago

Wie Emerenz Meier ihre ersten Jahre in den USA zubrachte, wissen wir nur aus ihren Briefen an Gusti Unertl – die allerdings erst ab 1919 geschrieben wurden – und aus Anmerkungen und Notizen in ihrem literarischen Nachlass. Danach hat es die fleißige und selbstbewusste Arbeiterin zusammen mit ihrer Familie zu einem bescheidenen Wohlstand gebracht und beschäftigte sich rege mit dem Zeitgeschehen in Staat, Gesellschaft und Wirtschaft, in den USA, in Deutschland und auf der ganzen Welt.

Das Interesse suchte sie durch ausführliche Zeitungslektüre zu befriedigen, wobei ihr kritischer Geist die parteiliche Gebundenheit so mancher Presseerzeugnisse durchschaute und auch zwischen den Zeilen zu lesen vermochte. Ihre in Würzburg im Herbst 1900 erworbenen Englischkenntnisse kamen ihr zustatten und konnten sicher in Chicago ausgebaut werden.

Bei ihrer schriftstellerischen Tätigkeit bediente sie sich aber immer der deutschen Sprache; sie verfasste weiterhin Gedichte und kurze epische Texte, von denen einige in deutschen Zeitungen der USA erschienen. Gusti Unertl berichtete 1922 außerdem auch von Vorträgen, die Emma Lindgren in deutschen Vereinen von Chicago gehalten hat. Leider fehlen uns dazu meistens genauere Nachweise.

Insgesamt war ihre Öffentlichkeitswirkung in Chicago wohl eher gering, auch die dichterische Produktion in den amerikanischen Jahren war nicht allzu umfangreich. Emerenz gab dafür später einmal als Grund an, dass ihr zweiter Ehemann es gar nicht schätzte, wenn sie sich ans Schreiben machte, und da sie seine Liebe nicht verlieren mochte, habe sie ihre dichterische Leidenschaft meist unterdrückt. Ob es auch andere Gründe für die schriftstellerische Enthaltsamkeit – Arbeitsbelastung durch den Broterwerb? Krankheit? Stoffverlust? – gab, entzieht sich wiederum unserer Kenntnis. Jedenfalls steht fest, dass Emerenz in Amerika weiterhin schriftstellerisch tätig war und sie diese Aktivität nach dem Tod des Ehemanns John Lindgren 1925 wieder verstärken wollte.

Die folgenden Gedichte von Emerenz Meier sind nach eigenen Angaben in ihren frühen amerikanischen Jahren entstanden. Sie zeigen klar, dass sie als Dichterin auch jenseits des Atlantiks nicht verstummt ist und etwas zu sagen bzw. zu schreiben hatte.

Laß es ruhig auswittern, Seppi,
Bäume haben mehr wir im Walde,
Schindeln liegen viel auf dem Dache,
Schlafe.

Morgen, soll es weiter noch stürmen,
Richt' ich alles, stütz' ich das Ganze.
Kannst dann sorglos wiederum spielen,
Schlafe.

Schön ist's, Winde rasen zu hören,
Wenn am Herd wir traulich geborgen.

Bitte Gott für die Heimatlosen,
Schlafe.

Die Seele in der Heimat

Wolken, schwarz und schwergeballt,
Hangen überm Heimatwald,
Und die öden Fluren trauern,
Durch den Wald geht ein Erschauern.

Stille Dörfer, weitverstreut,
Träumen von vergang'ner Zeit,
Und die Mühlen ruf'n und sinnen,
Nur die braunen Wasser rinnen.

Meine arme Seele zieht
Durch das Land und summt ein Lied
Von den süßen, fernen Tagen,
Wo das Leben sie getragen.

Wo noch goldne Sonne lag
Auf dem blumenreichen Hag,
Wo von Höhen und aus Tiefen
Tausend Freudenstimmen riefen.

„Land der Kindheit, Jugendland!
Erster Liebe Fortbestand!
Land des Himmels voller Geigen,
Grab des besten, was mein eigen!"
Arme Seele weint und stöhnt,
Und sie scheidet unversöhnt.

Übers Meer zieht sie mit Klagen,
Dort, wo Wolkenkratzer ragen.

Tränen fließen ungezählt
In der Heimat, neugewählt,
Niemand sieht sie, denn sie rinnen,
Doppelt brennend, nur nach innen.

Kurzsichtigkeit

Ist das nicht der Tannwald drüben, dunkel, doch mit
blauem Haupte,
Sanft verklärt, den in der Heimat ich, froh pfeifend,
oft durchschritten?
„Nein, es sind der Schlächterfirma schwärzliche Ge-
bäulichkeiten,
Und der Rauch kam von dem Frachtzug, der soeben
hier vorbeifuhr."

Jene Burg dort auf dem Berge, schimmernd hell im
Abendglanze
Streitest du so leicht nicht weg mir, denn ich kenne
Burgruinen!
„Ach, das ist doch ein Fabrikschlot und der Berg die
Eisenwerke,
Deren Leute jetzt am Streik sind, - Levi, Brooks und
Compagnie."

Kann ich nimmer meiner Sehnsucht und den kurzen
Augen trauen?
Wenigstens schwebt dort ein Lerchlein, lustig trällernd,
hoch im Blau'n!

„'s ist ein Äroplan, 'ne simple, alltägliche Flugmaschine!
Doch im Baume dort, im grünen, zwitschert allerdings
ein Spatz."

Blaue Blümlein

Blaue Blümlein wachsen im Heimattale – Vergißmeinnicht,
Und sah ich sie auch zum letzten Male – Vergißmeinnicht!
Wie könnt ich vergessen wohl im Leben,
Was mir so oft Trost und Freude gegeben – Vergißmeinnicht.

———

Ich ging den richt'gen Weg, da schrie
So mancher Freund: „Wie irret sie!"
So mancher hielt mich tadelnd an:
„Zieh diese, zieh doch meine Bahn!"

Ich war noch jung, war noch nicht straff.
Ich sagte Dank und folgte brav.
Lief rechts ein Stücklein, links ein Stück,
Schritt vorwärts bald und bald zurück.

So bin ich lang umsonst gerannt,
Das Herz im Leib hat mir gebrannt.
Mein Glück entfloh, die Jugend mit,
Die Freunde hielten gleichen Schritt.

Da zog ich trauernd übers Meer,
Das Unglück treu zur Seite her.
Den Sensenmann traf ich, er hieb
Die letzte Stütze, die mir lieb.

Zu Sais

Zu Sais war auch ich und lüftete
Den Schleier von der Wahrheit Bild und stand
Versteint viel lange, harte, dumpfe Jahre; –
Noch immer steh ich halb und halb erstarrt.
Ich das das Leben? – Wird es stets so sein? –
O fürchterliches Wissen, tötendes,
Das keinem milden Herzen Hoffnung gibt!
Du ewiges, du schreckliches Gesicht!
Sei du's! Ich werde fürder auf mich raffen,
Trotz bieten dir, so lang ich leb und atme.
Und Liebe geben, bis dahin ich sinke
Und Liebe atmen, bis zum letzten Tag.

An Auguste

Dir weih' ich die Fluren der Heimat
Und die Blumen, die es drauf gibt,
Die Stätten, wo ich gelitten
Und alles, was ich geliebt.

Du sollst sie grüßen und küssen
Von mir zu jeglicher Stund'.
Den Wäldern laß du es wissen
Wie treu mit ihnen mein Bund.

Doch halte von allen Menschen
Den Saum deines Kleides weit,
Die schuld sind, daß ich hier vergehe
In Gram und Vergessenheit.

Eine kritische und politische Schriftstellerin war Emerenz Meier immer. In den USA hat sich diese Seite in ihrem Schreiben aber wesentlich verstärkt. Das Erleben sozialer Ungleichheit, die politische Situation in Amerika und der Welt und insbesondere die Entwicklung der Weltgeschichte seit Beginn des 1. Weltkriegs haben sich auf ihre Lyrik deutlich ausgewirkt und ihre leidenschaftlichen Anklagen hervorgerufen. Ihre kämpferische Natur, die in ihren poetischen Äußerungen ansonsten oft genug durch eine gewisse Larmoyanz verborgen war, äußerte sich nun ungehemmt.

Die Menschenbestie ist nun nie zu zähmen,
Ob sie im Frack, ob sie im Drillich steckt,
Doch weiß sie schöne Mäntel umzunehmen,
Wenn etwas ihre Lüsternheit erweckt.
Daß Frommeln nicht, noch Aufklärung sie hemmen,
Daß weder Hölle sie noch Himmel schreckt.
Das ist noch lange nicht zur Mär geworden,
Man weiß, die Menschenbestie liebt zu morden.

Der Rasende im Kampf, der seinen Degen
Bohrt in des Gegners Brust, wird hart bestraft.
Mit Recht noch härter, wer auf Mörderwegen
Des Nächsten Habe oder Weib errafft.

Den Tod verdienet, wer der Menschheit „Segen",
Die „Allerhöchsten" ihr vom Halse schafft,
– Tyrannen oder nicht –, trotz allem Schaden,
Von Gottesgnaden ist von Gottesgnaden.

Doch hinterm grünen Tische die Seigneure,
So hoch gebildet, so durchaus verfeint,
Vom Lackschuh bis zur Glatze eitel Ehre,
Den Frack voll Orden, doch das Herz versteint,
Leicht tänzelnd unter des Berufes Schwere,
Der sonst ja nichts an Eigenglück verneint,
Nach diesen Bestien laßt uns einmal spüren!
Die schlimmsten nämlich sind, die kalkulieren.

Spielt um den Globus ein beringter Finger,
Dröhnt's vor dem Stuhle aus besternter Brust.
Die Presse säuselt, saust, wird zum Bezwinger
„Ermanne Adel dich! Du Pöbel, mußt!"
Der Hellste selbst wird da zum Fahnenschwinger,
Zu Orgien schwillt der Patrioten Lust
Dem blut'gen Kalbe opfern die Nationen,
Und auf dem Schlachtfeld sterben Millionen.

Ja, schön ist es fürs Vaterland zu sterben,
Ob gut – kein Toter ward bis jetzt befragt.
Gut aber ist es für des Krieges Erben,
Wenn nicht für allzu viel Pension man klagt.
Die große Masse mag noch lang verderben,
Der letzte Heller wird ihr abgezwackt,
Doch darf sie jubelnd an des Thrones Stufen,
Am Sieggedenktag „Hoch" und „Vivat" rufen.

Kennst du das Land, wo Grabsch und Humbug blüh'n,
Die Herzen einzig für den Dollar glüh'n
Wo Geld vor adliger Gesinnung geht,
Die Schlauheit hoch, die Treue niedrig steht,
Kennst du das Land, dahin, dahin
Würd ich, hätt ich die Wahl, nie wieder zieh'n.

Kennst du die Stadt, mit ihrem großen Dreck,
Ein Wirtshaus steht an jeder Straßeneck
Und in Fabriken schwitzt die Menschenbrut,
Es saugt das Kapital ihr rotes Blut,
Kennst du die Stadt, dahin, dahin,
Laß niemals mich, o ew'ger Vater, zieh'n.

Du Stadt am Michigan, voll Weh und Ach,
Wo manches hoffnungsvolle Herz zerbrach,
Die Sterne nachts am Himmel schau'n mich an,
Was hat man dir, du armes Kind getan?
Kennst du die Stadt, dahin, dahin,
Laß dich von keinen tausend Pferden zieh'n.

———

Weh über die Führer der Nationen,
Die Henker im Frack, die Mörder auf Thronen!
Sie machen Geschichte, sie spinnen Netze,
Mit Hilfe der Presse, der feilen Metze.

Wenn faul Republiken und Monarchien,
Nach Freiheit und Aufklärung wird geschrien,
Dann heißt einen schneidigen Krieg erzeugen,
Der Revolution noch schnell vorzubeugen.

Dann treiben die Hirten die Herden zur Weide,
Zum Kampffeld hinaus, rum tollt euch im Streite!
Kühlt euer Mütchen, ein Volk am andern,
Uns aber lasst den Herrenpfad wandern!

Das tötet und würgt uns und wird getötet,
Die ganze Welt ist von Blut schon gerötet,
Sie kämpfen verzweifelt, Mann gegen Mann,
Hat keiner was dem andern getan.

Was hat euch, ihr Völker, mit Blindheit geschlagen,
Wann wird es in euren Gehirnen tagen,
Wann dringt in eure Seelen das Licht
Der echten Freiheit, die liebt, nicht ficht?

Ein ganz besonderes Objekt der blutig-leidenschaftlichen Sprache der politischen Lyrikerin Emerenz Meier wurde Woodrow Wilson (1856–1924), der 28. Präsident der USA, der von Januar 1913 bis Januar 1921 an der Spitze der Vereinigten Staaten von Nordamerika stand. Bereits seine Inauguration im Januar 1913 veranlasste die streitbare Dichterin zu einem entsprechenden Text.

Der Völkerhirt

Von Volkes oder Gottes Gnaden –
Setzt nur das Männchen auf den Thron!
Und strahlt die Stadt in Lichtkaskaden,
Dann wirbelt's ihm im Kopfe schon.

Mag sein, er wär' ein Weiser worden
Im Volk, gekommen gar zu Ruhm;
Doch nun umjubeln ihn die Horden –
Aus ist's mit seinem Menschentum.

Laßt Fahnen wehen, Hymnen schallen,
Bis ihr zum Wahnsinn ihn gebracht!
Er wird in eure Hürde fallen,
Den ihr euch selbst zum Wolf gemacht!

Woodrow Wilson war ursprünglich Geschichts-
dozent gewesen und danach Professor für Rechtswis-
senschaft und Nationalökonomie an der Princeton
University, die er 1902–1910 als Präsident leitete. Als
Mitglied der demokratischen Partei wurde er 1910
zum Gouverneur von New Yersey gewählt und trat
nach seiner Wahl zum Präsidenten für eine liberale
Wirtschaftspolitik ein. Seine Außenpolitik zeichne-
te sich durch eine eher unklare Linie aus. Emerenz
Meier bezieht sich in ihrem Gedicht, das sie – wie
schon erwähnt – im Januar 1913 verfasste, auf diese
Politik Wilsons und versieht die letzten beiden Vers-
zeilen *„Er wird in eure Hürde fallen, / Den ihr euch
selbst zum Wolf gemacht!"* drei Jahre später im Manuskript mit dem stenographischen Zusatz: *„Hab ich
nicht recht gehabt?"*
Zu Beginn des 1. Weltkriegs hatte Wilson die Neu-
tralität der USA verkündet, konnte aber angesichts
der maritimen Blockadestrategie der Alliierten und
des Deutschen Reiches die US-Handelsinteressen
nur beschränkt sichern. Im November 1916 wurde

er unter der Parole, die Einbeziehung der USA in den Krieg verhindert zu haben, im Präsidentenamt bestätigt. Probritische Sympathien, der verfassungspolitische Gegensatz zwischen den demokratischen Westmächten und dem autoritär-militaristischen Deutschen Kaiserreich, wirtschaftliche Interessen und die Verkündigung des uneingeschränkten Unterseebootkrieges durch das Deutschen Reich im Februar 1917 führten dann aber zur Abkehr Wilsons vom Neutralitätskurs und zur amerikanischen Kriegserklärung an Deutschland im April 1917.

Die kämpferische Dichterin antwortete darauf mit ihrem Gedicht „An Wilson". Nach der Überschrift brachte sie in der Originalvorlage im Manuskript den stenographischen Zusatz an: „*Nachdem er sein der Nation gegebenes Wort gebrochen und uns in den Krieg gezerrt hatte.*" Der Text, in dem sich die Emigrantin als vom Präsidenten betrogene US-Bürgerin darstellt, kann somit eindeutig in die Zeit nach der Kriegserklärung im April 1917 datiert werden.

An Wilson

Der Lorbeerkranz, den du dir umgehängt,
Ist blutgetränkt.
Die Reden alle, die du hältst und sinnst,
Sind ein Gespinst.
Das Volk erwartet deinen Schicksalstag,
Dich trifft sein Schlag!

Kein Meuchelmörder soll sich nahen dir,
Der Herrscher Zier.

Doch tausend werden grimmig stürzen sich
Dereinst auf dich;
Daß kein's der Glieder dein am jüngsten Tag
Man finden mag.

Ungefähr zwei Jahre später, als der 1. Weltkrieg zu Ende war – Woodrow Wilson hatte seine berühmten „Vierzehn Punkte" vom 8. Januar 1918 gegen den weltweiten Anspruch der bolschewistischen Revolution längst proklamiert und suchte nun 1919 auf der Pariser Friedenskonferenz die Gründung eines „Völkerbundes" zu erreichen – 1919 also, ließ sich die radikale Wilson-Feindin und marxistische Kriegsgegnerin Emma Lindgren zu einer sozialistischen Feier in Chicago mit dem folgenden Gedicht vernehmen, der ihren anderen politisch-kritischen Texten aus dieser Zeit an Schärfe in nichts nachstand:

Die rote Fahne

Empor der Freiheit rotes Zeichen!
Vorüber ist die Völkerschlacht.
Der Winter muß dem Frühling weichen,
So wie dem jungen Tag die Nacht.
Sprecht nicht: „Vergebens war das Morden."
Die blut'ge Saat trug reiche Frucht!
Im Hirn des Volks ist's hell geworden,
Und jeder Mörder ward gebucht.
Von Millionen Leichenhügeln, –

Hört ihr, wie's in die Luft sich schwingt? –
Es kommt heran auf Sturmesflügeln
Der Morgen, der uns Sieg erzwingt.
Schon liegt zerstückt in tausend Scherben
Die Gauklerei der alten Welt.
Die Fürsten fliehen oder sterben
Und ihre Throne sind zerspellt.

Wir, die schon durch Dezennien stritten,
Für Menschenrecht gen Tyrannei
Und namenloses Leid erlitten,
Wir sterben oder leben _frei_!
Wir bergen nicht in Katakomben
Scheu unsrer toten Kämpfer Ruhm,
Nein, öffentliche Hekatomben
Verkünden laut ihr Martyrtum.

Und stürzte _dort_ die Welt zu Trümmern,
Bebt hier des Westens Kapitol;
Ja, alte reiche Schurken wimmern
Angstbleich für ihren Beutelvoll.
Sie haben euch für runde Taler,
Betörtes Volk, verkauft, verlumpt!
Nehmt ihnen nun die blut'gen Taler
Und seht, wer _ihnen_ etwas pumpt!

Die Welt ist froh und jung geworden,
Und ein ganz and'rer Wind weht jetzt.
Hier sind die „Massen" und die „Horden" –
Wo sind die „Herren"? – Abgesetzt.
Drum hoch empor das stolze Zeichen
Des Menschenrechts, das uns gebührt!

Die Nacht, sie muß dem Morgen weichen,
Der uns zu Glück und Freiheit führt.

Waldkirchen um die Jahrhundertwende

Mehr als 50 Briefe in die alte Heimat

Chicago, 13. Dez. 1919.
Herzliebe, unvergeßliche Freundin!
Ob es Wochen oder Jahre sind, seit wir uns nicht
mehr geschrieben, ist wohl einerlei. So wie ich es stets
empfand und noch empfinde, waren wir geistig nie-
mals getrennt und es gab wohl selten etwas uns tiefer
berührendes, das nicht sofort ein Hin- und Herge-
denken in uns erregt hätte. Daß ich tausendmal zum
Schreiben ansetzte, darfst Du mir glauben. Daß ich
wieder abbrach oder die schon fertigen Briefe nicht
abschickte, daran ist mein alter Charakterfehler, die
Unstätheit meiner Stimmungen und eine große Zag-
haftigkeit schuld.
Diesesmal mußt Du den Brief bekommen, denn ich
ertrag es nicht länger mehr, so ganz ohne Verbindung
mit Dir und dem Heimatlande zu sein. Ist mir doch,
als hätte ich all die langen Jahre unter Wilden in der
Wildnis gelebt. Es ist auch tatsächlich so. Der Krieg hat
uns Deutschen die Wahrheit der Schiller'schen Verse:
„Ans Vaterland, ans teure, schließ' Dich an, etc. etc."
aufs eindringlichste vor Augen geführt. Was wir hier
erleiden mußten an Schmähungen, Unterdrückungen
und Verfolgungen, und zwar nicht nur wir Eingewan-
derten, sondern auch die hier geborenen, amerikani-
schen Bürger deutscher Abstammung, das ist einfach
erbärmlich. Vielleicht hast Du in Zeitungen von dem
durch eine pro-englische, gekaufte Presse künstlich
erzeugten Deutschenhaß gelesen, der sich in den wi-
derwärtigsten Mob-Ausbrüchen Luft machte. Deut-
sche wurden öffentlich beschimpft, geschlagen, geteert

und gefedert, ja sogar gelyncht. Viele interniert. Die deutsche Sprache wurde aus den Schulen verbannt, der deutsche Charakter als höllisch und hündisch darge- stellt. An allen Straßenecken waren Plakate zu sehen, darauf tapfere Yankies die verhaßten „Hun[n]en" ab- schlachteten wie Säue. Und die Deutschen mußten dies ansehen, und blechen, blechen für den Krieg gegen ihre Brüder. Auch ihre Söhne mußten sie nach Frankreich schicken. Meiner Schwester Sohn Ludwig war auch drüben. Zwei andere waren bei der Marine.

Das große, reiche Amerika, das Land, in dem Milch und Honig floß, ist durch den Wilsonschen[1] Krieg und die Wilsonsche Regierung ruiniert; die Menschen erfahren nun auch hier, was Hunger und Elend ist. Der Kapitalismus saugt das Volk aus bis aufs Blut. Sind doch die Nahrungsmittel und Kleider hier so hoch im Preis gestiegen, daß der Arbeiter sie kaum mehr erschwingen kann. Mein Mann[2] z.B. verdient 23 Dollar die Woche und es reicht trotz einfacher Le- bensführung kaum für uns drei. – Ich habe nämlich noch einmal also zum 2.mal geheiratet, diesmal einen Nordschweden. Da er draußen studiert hat, beherrscht er die deutsche Sprache vollständig. Er ist ein guter, tüchtiger Mann, belesen und geistig gebildet. Meinen Buben[3] liebt er wie sein eigen Kind und so leben wir, abgesehen von zeitweiligen Temperamentsausbrüchen meinerseits und entsprechendem Reagieren seinerseits, sehr glücklich mitsammen.

[1] Woodrow Wilson (1856–1924), 28. Präsident der USA, Januar 1913 – Januar 1921, Demokrat.
[2] John Lindgren, Expedient in einer Großhandelsfirma.
[3] Joseph Frank Schmoeller, geb. 1908, das einzige Kind von Emerenz Meier, aus ihrer 1. Ehe mit Franz Schmöller (gest. 1910).

Zur Zeit befinde ich mich in strengster Abgeschlossenheit von aller Welt, denn Josie, der Bub, ist an Diphtherie erkrankt. 3 Tage und Nächte zitterte ich für sein Leben, aber die segensreiche Erfindung des großen deutschen Arztes, das Antitoxin, hat ihn gerettet. Jetzt haben wir 3 Wochen Quarantäne zu halten, das Gesundheitsamt wacht streng darüber.

Mein Haus, welches ich vor dem Kriege besessen, ist längst flöten gegangen. Ich bin noch keinen Augenblick traurig darüber gewesen; es hätte mich ja schließlich umgebracht, soviel Trubel und Sorgen hatte ich damit, bzw. mit den 7 Mietsparteien, welche sich aus allen möglichen Nationen rekrutierten. Jetzt wohnen wir wieder bei meiner Schwester Marie[4] an der Wellington Avenue; sie oben und wir unten.

Ihr Mann ist auch vor 3 Jahren gestorben, doch sie ist gut versorgt; hat erst kürzlich ihr zweites Haus verkauft, um dies erste hier schuldenfrei zu haben. — Schwester Anna[5] lebt mit ihrer Familie im fernen Westen, in Kansas City. Es geht ihr, abgesehen von steter Kränklichkeit, die Folge einer schweren Operation bei der Geburt ihres letzten Kindes, ziemlich gut. Doch schreibt sie nur selten.

Die Meiers[6] von Schiefweg befinden sich auch in angenehmen Verhältnissen und haben ein hübsches, modernes Heim am Nordende der Stadt. Schwager Georg trägt sich sogar schon mit dem hochtrabenden Gedanken, seine Waldkirchner Gläubiger, mit Aus-

[4] *Marie bzw. Mary Jacklin, geb. Meier.*
[5] *Anna Gumminger, geb. Meier.*
[6] *Emerenz Meiers älteste Schwester Petronilla Meier, verheiratet mit Georg Maier, hatte das elterliche Anwesen in Schiefweg 1890 übernommen.*

nahme des „bösen Hag'n", demnächst zu befriedigen.
(Das deutsche Geld steht so niedrig im Kurse jetzt!!)
Die Töchter sind alle gut verheiratet und fahren im
eigenen Auto; auch der älteste Sohn Georg, welcher als
Drucker schweres Geld verdient. – In Amerika braucht
man eben keinen Verstand, um vorwärts zu kommen,
im Gegenteil, der Verstand ist dabei nur hinderlich
und der dümmste hats Glück.

Von den vielen Segnungen, mit denen das zaristische
Regime Wilsons uns beglückt, ist wohl die haarsträu-
bendste die Prohibition. Es ist hier ungefähr, wie es
in Spanien z. Z. der Inquisition war. Tausende von
Spürhunden durchschnüffeln „God's country" nach Al-
kohol und wehe denen, bei welchen er gefunden wird.
In den meisten Fällen geht's schnurstracks ins Zucht-
haus. Kein Tröpflein Wein, kein Gläschen Bier mehr.
Sogar alkoholhaltige Medizinen wie Pfefferminz- oder
Hoffmannstropfen werden den Kranken verweigert.
Und schon munkelt man davon, daß den Männern
auch der Tabak, das gottlose Kraut, entzogen werden
soll. – Wir leben im tiefsten Mittelalter. Darum gucken
und lauschen wir auch so sehnsüchtig nach dem neuen
Deutschland hinüber, das, obwohl noch in schweren
Wehen liegend, doch der Freiheit schon die Wiege be-
reitgestellt[7] hat. Darum beneiden wir Rußland, über
welchem die Sonne[8] schon so herrlich aufgegangen ist.
Und verfluchen England, unterdessen Krallen die ganze
Erde zur Wüste geworden ist. Solange diesem Drachen
der Kopf nicht abgeschlagen wird, wird die Welt stets
in Blut und Tränen schwimmen.

[7] *November 1918: Sturz der Monarchien in Deutschland, Ausru-*
fung der Republik in Berlin und in den deutschen Ländern.
[8] *Bolschewistische Revolution 1917, Sturz des Zaren.*

Liebe Gustie, leiblich bin ich zwar immer wohlauf,
aber seit Jahren leide ich an geistiger Unterernährung,
so sehr, daß ich nur mehr das Skelett meines früheren
Selbst bin. O wie not täte mir Zufuhr von gesunder
deutscher Nahrung! Wie hungere ich nach Büchern
und Zeitschriften, nach den Erzeugnissen der neuen
deutschen Geistesgrößen! Mit dem nächsten Briefe
werde ich Geld schicken, vielleicht wirst Du dann so
gütig sein und mir eine Auswahl dessen senden, was Du
für lesenswert hältst. Ich werde mich nach Möglichkeit
dankbar dafür erweisen.

Für diesesmal aber schreibe mir einen Brief, ich
bitte Dich herzlichst. Du kannst ihn nicht lange und
ausführlich genug machen. Schreibe mir von Dir und
Deinem Mann[9] alles, was Ihr erlebt und wie Ihr die
Kriegszeit durchlebt. Von Deinen Bekannten, von
Waldkirchen und Umgegend, von Bayern im allge-
meinen und den politischen Zuständen draußen, (die
kulturellen nicht zu vergessen.) Von Hans Carossa[10],
von den Hellmannsbergers[11] usw. Grüße mir alle Leute,
die sich noch meiner erinnern. Du aber, liebste Gusti
und Dein Mann, seid vor allem selbst tausendmal aufs
innigste gegrüßt von

Eurer
dankbaren Emerenz.

Adresse: Mrs. Em. Lindgren
1239 Wellington Ave.
Chicago, Illinois

[9] *Georg Unertl (1860–1938), Ehemann von Gusti, Magistrats-*
sekretär in Waldkirchen. [10] *Hans Carossa (1878–1956),*
deutscher Arzt und Dichter, befreundet mit Emerenz Meier seit
Frühjahr 1898. [11] *Karl Hellmannsberger (1856–1916), Brau-*
erei- und Gutsbesitzer aus Straßkirchen bei Passau, Freund und
Gönner der Emerenz, wohl auch ihr Liebhaber.

Gruß an Herrn Eugen Bauer.[12]
*Beinahe hätte ich vergessen, Euch meine wärmsten
Weihnachts- u. Neujahrsglückwünsche zu senden! Seis
hiermit nachgeholt!*
*Verzeihe das sonderbare Briefpapier, ich kann nicht
aus dem Hause u[nd] habe niemanden zu schicken.*

Warum Emerenz Meier ihren Briefwechsel mit
der Waldkirchener Freundin Gusti Unertl erst im
Dezember 1919 wieder aufnahm, ob es seit ihrer
Auswanderung 1906 überhaupt je einen brieflichen
Kontakt zwischen den beiden Frauen gegeben hat,
wissen wir nicht und wird wohl auch nicht mehr
zu klären sein. Emerenz schreibt zumindest von
„langen Jahre(n)" fehlender Korrespondenz, obwohl
sie *„tausendmal zum Schreiben ansetzte"*, *„wieder abbrach oder die schon fertigen Briefe nicht abschickte"*.
Sie selbst machte dafür ihren alten *„Charakterfehler,
die Unstätheit meiner Stimmung und eine große Zaghaftigkeit"* verantwortlich.

Bereits dieser erste erhaltene Brief aus Amerika an
Gusti, dem noch mehr als fünfzig weitere Briefe und
Karten folgen sollten, enthält die „ganze" Emerenz,
die mit Leidenschaft und Innigkeit, Neugierde und
Erzählfreude, Selbstbewusstsein und Niedergeschla-
genheit, Urteilsfähigkeit und Vorurteilen, Nächs-
tenliebe und Schroffheit Seiten um Seiten füllte, in
gestochener Handschrift oder – später zumeist – in
Gabelsberger Kurzschrift.

Themen, Anklagen, Stimmungsschwankungen,
Heimwehgedanken und Dankesbekundungen ge-

[12] *Eugen Bauer (1865–1940), Buchdrucker und Zeitungsverleger
in Waldkirchen.*

genüber Amerika, Zartes und Derbes, Abrechnungen mit der Vergangenheit und Zukunftsvisionen – all das sollte in den noch vor ihr liegenden neun Jahren in ihren langen Briefen immer wiederkehren, mitunter nur gebremst von der deutlichen Abwehrhaltung der bürgerlich denkenden Waldkirchener Freundin gegenüber den kommunistischen Bekehrungsversuchen der Emerenz.

Wenn auch die Gegenbriefe von Gusti Unertl leider nicht erhalten sind, die Briefe der Emerenz aus Chicago sind ein überaus bedeutsames Zeitdokument und stellen sehr viel mehr dar als die geistige Auseinandersetzung zwischen zwei engen, aber doch sehr ungleichen Freundinnen. Diese Briefe gehören zum Spannendsten, was uns Emerenz Meier hinterlassen hat. Bereits der erste oben abgedruckte hatte es in sich.

Der Antwortbrief Gustis, der *„einen Sturm von Freude"* erregt hatte, wird am 15.03.1920 mit großer Dankbarkeit bestätigt und mit einem doppelt so langem Brief als dem ersten beantwortet.

In den folgenden Briefen macht Emerenz ihre Haltung noch deutlicher und schimpft lautstark auf die kapitalistischen Staaten Großbritannien und USA mit ihren allmächtigen Trusts. Deren politische Führer nennt sie *„Wallstreetsöhne"* (16.12.1920).

Im Brief vom 16. Dezember 1920 erfährt man aber auch, dass die Lindgrens zwar nicht zu den Reichen der Gesellschaft gehören, dass es ihnen aber insgesamt gut geht: *„Not leiden wir schon gar nicht."* Und einige Zeilen später schreibt sie: *„Nicht mehr wie recht, daß ich auch einmal eine bessere Zeit* *habe. Ich brauche nicht mehr selbst Geld verdienen gehen, kann mir nun Bücher kaufen und habe Zeit zu lesen, Zeit wieder, selbst etwas zu schreiben. Nach allem diesem habe ich mich so lange und heiß gesehnt."*

Besonders lebendige Passagen in ihren Briefen ergeben sich dann, wenn sie sich als glühende, leidenschaftliche Marxistin und Pazifistin gibt und ihren bayerischen Landsleuten, diesen *„Hurrapatrioten und geräucherten Bücklingen"*, diesen *„verpfafften Bayern"* (23.9.1921) die Leviten liest. Dagegen klingt ihr Bierrezept, entwickelt in der Prohibitionszeit, geradezu harmlos (14.8.1920), ähnlich wirken ihre Erkundigungen nach dem Namen des Vorsitzenden der sozialistischen Partei in Waldkirchen, dem ihr Sohn Joe ein *„Liebespaket"* (25.12.1920) für ein armes Sozialistenkind schicken möchte.

Überhaupt ist Emerenz all die Jahre über sehr sozial und menschenfreundlich eingestellt, sie schickt immer wieder Geld, Lebensmittel, Kleidungs- und Wäschestücke in den Wald, steht immer auf der Seite des einfachen Volkes (*„Ich habe unterm Volk immer bessere Menschen gesehen"* 12./13.10.1922), diesseits und jenseits des Atlantiks, und hofft, dass auf der ganzen Welt durch Erziehung eine neue, fortentwickelte Generation heranwachsen möge.

Aus den Briefen können wir auch erfahren, dass Emerenz sich sehr intensiv die ganze amerikanische Zeit über mit Literatur aus verschiedenen Epochen und Ländern beschäftigt hat und Literatur en masse in sich aufnahm. Die kindliche Vielleserin aus Schiefweg hatte sich also zur Literaturkonsumentin weiterentwickelt, die über ein sehr kritisches und fundiertes literarisches Urteil verfügte.

Sie las vorzugsweise ältere deutsche Literatur – Goethe, Schiller, Johann Karl Musäus, Jean Paul, Wilhelm Busch, Heinrich Heine, Ferdinand Freiligrath, Eduard Mörike, Friedrich Theodor Vischer, aber auch Zeitgenossen wie Peter Rosegger, Hans Carossa, Martin Drescher, Heinrich Mann, Bernhard Kellermann, Rudolf Greinz, Hans Watzlik, Max Geißler, Otto Braun, Gustav Frenssen und ausländische Autoren wie Robert Burns, Charles Dickens, Joseph Rudyard Kipling, Selma Lagerlöf, Mark Twain, Pierre Loti, August Strindberg, Hans Christian Andersen, Björnstjerne Björnson und Esaias Tegnér.

Hinzu kam die Lektüre der politischen Theoretiker Marx, Engels, Lenin, Jean Jaurès u. a. Schon vor dem Beginn des 1. Weltkriegs verschaffte sie ihrem Herzen in leidenschaftlich bewegten politischen Gedichten Luft, während und nach dem Krieg gerieten diese Texte sowie ihre brieflichen Stellungnahmen zum Zeitgeschehen und Fragen zur Kriegsschuld zu einer radikalen Abrechnung mit der kapitalistischen Welt, ihren politischen und militärischen Führern und den sie unterstützenden Medien.

Das Heimweh der Emerenz nach dem Wald scheint sich mit den Jahren gelegt zu haben. Von Gusti wurde sie mit Berichten aus der Waldheimat und Zeitungen und Zeitschriften versorgt, ebenso mit landschaftstypischen Dingen wie Tannenreisig, getrockneten Pilzen, Geräuchertem oder alten Backrezepten, etwa *„für die weißen Fastenbrezel und* *für die Laibel"* (7.3.1922). Das erforderliche Geld für eine eventuelle Deutschlandsreise war schon anfangs der 20er-Jahre von den Lindgrens nicht mehr aufzubringen, dagegen träumte sie davon, Gusti, deren Ehemann Georg und Hans Carossa *„und noch ein paar Auserwählte hier zu haben und jeden Abend mich an ihnen freuen zu können für etliche goldene Stunden"* (24.8.1922).

Unertls waren in ihren Augen *„die einzigen, die mein Herz noch an die alte Heimat knüpfen. Sonst ist Amerika und speziell Chicago meine Heimat"* (9.3.1923). Einige Monate später empfahl Emerenz den Unertls ernsthaft, nach Amerika, nach Chicago auszuwandern (17.7.1923, 2. Brief): *„Wenn ihr einmal hier seid, haben wir niemanden mehr in Deutschland (außer Hans Carossa) der unserem Herzen nahesteht."* Diese Pläne wurden aber alle nicht verwirklicht.

Ihre politische Position bestimmte Emerenz noch einmal ganz deutlich in einem Brief an Hans Carossa vom 24.06.1923. In diesem letzten Schreiben an Carossa, das uns erhalten ist, heißt es u. a.:

„Gustie wird Dir von mir wohl als einer verrückten Bolschewistin erzählt haben. Ich bin allerdings überzeugte Kommunistin, war es schon, ohne daß ich mich [!] dessen recht bewußt war, in Deutschland. Ich sah den großen Unterschied zwischen den Ständen, die Ungerechtigkeit überall und sie schmerzte und erzürnte mich ohne Ende. Noch klarer lernte ich hier sehen als die allmächtig gewordene Plutokratie das harmlose, friedfertige Volk, das Deutschenhaß nie gekannt, aufstirrte und aufhetzte wie eine wilde Meute, für ihr Interesse. Wie sie es aussog, so daß im reichsten, frucht-

barsten Land der Welt schon Mangel herrschte, wie sie die männliche Jugend vergewaltigte und hinausschiffte nach den Schützengräben Frankreichs, wo hunderttausende fielen. Was das einst so freie amerik. Volk gewann aus dem Kriege ist seine jetzige vollständige Knechtung durch den Kapitalismus, desselbigen Kapitalismus, der auch in der Ruhrtragödie seine Hand im Spiel hat, ohne daß die patriotisch verhetzten, langsam verhungernden Deutschen es wissen. Wie könnten sie auch, sind doch fast alle Zeitungen von ihm angekauft. – Genug davon."

Emerenz Meier, Chicago, in ihren letzten Lebensjahren, ca. 1925/26

Letzte Lebensjahre und Tod 1928

In ihren letzten Lebensjahren häuften sich bei Emerenz verschiedene Krankheiten (Wasser in der Lunge, Bronchitisattacken, Brustfellentzündung, Mastdarmfistel, Hämorrhoiden, Bronchialkatarrh, Asthma); das Verhältnis zu ihrer begüterten, aber sehr geizigen Schwester Mary, in deren Haus Lindgrens eine Wohnung gemietet hatten, wurde zunehmend schlechter. Im Jahre 1925 starb zudem Ehemann John Lindgren. Der Sohn Josef übernahm nun die Versorgung und Betreuung der kränklichen Mutter.

In diesen letzten Jahren verdiente Emerenz Geld mit ihrem Biergeschäft, das sie in ihrer Mansardenwohnung eingerichtet hatte und das ihr *„schönen Profit einbrachte"* (10.11.1926). Am Ende ihres Lebens kehrte sie also zu ihren Wurzeln als Gastwirtstochter von Schiefweg zurück. Allerdings führte das florierende Geschäft zu einem lautstarken, in Handgreiflichkeiten endenden Zerwürfnis mit der Schwester Mary, die es aus Neid und Geiz nicht ertragen konnte, dass Emerenz als eine die Prohibition umgehende Wirtin reüssierte.

Für einige Zeit wich Emerenz mit Sohn Joe zu ihrer anderen Schwester Anna Gumminger nach Kansas City im Staate Montana aus. Nach einer Verbesserung ihres Gesundheitszustandes kehrte Emerenz nach Chicago zurück, wo sie dann bei ihrem Sohn Joe wohnte. Von dort schrieb sie am 8. Oktober 1927 ihren letzten Brief an Gusti Unertl, in dem sie ganz optimistisch in die Zukunft blickte und von ihren weiteren schriftstellerischen Plänen schrieb:

„Vielleicht, wenn einmal der schwere Druck von meinem Herzen etwas gewichen ist, kann ich wieder neues schreiben. Ich bin nun 53 Jahre und möchte den Rest meines Lebens ans Schriftstellern verwenden, meine so lange gewaltsam unterdrückte Leidenschaft. Denn so sehr mein Mann meine Begabung schätzte, so eifersüchtig verhinderte er auch, daß ich sie verwertete. Er wollte mich zu sehr und stetig für sich haben, ja er wurde ganz wild, wenn er mich schreiben sah. Und ich war ja so zufrieden mit seiner Liebe und seiner Gesellschaft. Denn keine Sorgen ließ er an mich herankommen und wenn ich krank war, pflegte er mich wie mit Engelshänden. All dies Glück ist nun dahin, „der große bayrische Schwede", wie er genannt war, verbrannt und seine Asche steht in einem Tonkrug im Schlafzimmer. Nächsten Frühling werde ich sie auf der Eltern Grab streuen. Immer dachte ich, Mutters Tod war das Schlimmste, was mich je treffen konnte. Es ist nicht so. In John verlor ich Vater, Mutter, Kind und Freund.

Hätte ich bloß ein gutes Bild von ihm. Er hatte stets eine Abneigung gegen das Photographiertwerden und auf den paar Amateurbildchen, die da sind, ist er nicht getroffen. Er war, wie alle andern Leute auch sagen, ein ausgezeichnet schöner Mann. Als er in Schweden Soldat wurde, sagten die Ärzte, er wäre ein prachtvolles Modell für einen Bildhauer. Wie denn auch hier der Weibsen viele sich in ihn verschossen, ohne daß er mir jedoch einmal die Treue brach. Er konnte nie begreifen, wie man verheiratet sein und doch mit an-

*dern Frauen oder Mädchen umgehen könne. In seiner
Heimat gäbe es so was nicht, sagte er, die Leute wären
zu ehrlich und zu sittlich dazu. Ein einmal gegebenes
Wort würde lebenslang gehalten. – Seine Mutter war
eine fromme Baptistin, sein Vater Protestant, er selber
ein Atheist, doch ein Freund aller Menschen und Tiere.
Immer hatte er den Wunsch gehabt, mich einmal nach
Nordschweden führen und mir seine lb. Heimat an der
Meeresküste zeigen zu können. Die landweiten Wälder
und die vielen Seen darinnen. Immer hatte auch ich
die Begierde, ihm meinen Heimatwald zu zeigen. Wir
zwei armen Fremdlinge in Amerika.*

Verzeih mir dies letzte: „In memoriam“.

*Nun laß uns einen Pakt schließen, liebe Gusti. Du
vertreibst meine besseren Sachen an gute Journale und
Zeitungen und nimmst für die vielen Briefe und Por-
toauslagen die Hälfte oder ¾ des Ertrages. Den Rest
kannst Du mir senden.*

*Schreibe mir gleich, ob Du gewillt bist. Es ist eine
Heidenarbeit, wie ich aus alter Erfahrung weiß, und
oft, überoft kommt ein Manuskript zurück.*

*Ich sende Dir, nachdem Du Ja gesagt hast, noch ein
paar Stücke und hoffe, in der Folge etliche mehr schreiben zu können.*

*Mit tausend Grüßen an dich und Georg verbleibe ich
Eure treue Emerenz.*

Emerenz Meier beabsichtigte also, nach dem Tod
des Ehemanns wieder schriftstellerisch hervortreten
zu wollen. Neben ihrer lyrischen Produktion in
Amerika, die schon vorgestellt wurde, schrieb die
Dichterin in ihrer amerikanischen Zeit auch Prosa-

texte, die durch inhaltlichen Bezug auf die Chicagoer Verhältnisse eindeutig als in Amerika entstanden
eingeordnet werden können. Dazu zählen „Bella"
und „Ein Ferientag dreier Gassenbuben". Der letztge-
nannte Text, der etwas an Mark Twains „Abenteuer
des Huckleberry Finn" erinnert, sei als Beispiel für die
von Amerika inspirierte Prosa der Emerenz Meier in
seiner Gänze angeführt:

Ein Ferientag dreier Gassenbuben

*Ein wunderschöner, nicht allzu heißer Sommertag
am blauen Michigansee — welches Chikagoer Herz
schlägt nicht hoch auf vor Freude, wenn es daran nur
denkt! Und erst, wenn es gleich mitten drin ist in all
der Herrlichkeit, wenn alles ringsum schimmert und
flimmert und lacht. Das nahe Grün des prächtigen
Lincolnparks, der wolkenlose Himmel, die sanften,
silberigen Wellen, über welche ruhelos schneefarbige
Möwenscharen hüpfen!*

*Die Amateurfischer am Ufer wälzen sich vor Ver-
gnügen und haben es kaum noch acht, wenn das
Schellchen der ausgeworfenen Angelleinen kungelt,
weil ein allzu gieriger Hering oder Barsch am wurm-
besetzten Häkchen zerrt. Denn schon sind ja die
mitgebrachten Schnüre mit Fischen vollgereiht wie
Mönchsrosenkränze mit Gebetperlen. Man will nur
noch nicht heim in die dumpfe Stadt, weil es gar zu
schön ist hier außen.*

*Die drei Knaben, welche, barfüßig und schlecht geklei-
det, in einiger Entfernung vom Ufer standen, am Rande*

der breiten asphaltierten Straße, die von zahllosen Autos und anderen Vehikeln frequentiert war, hatten wohl das gleiche Gefühl, denn sie sahen schon seit geraumer Zeit einander unternehmungslustig an, musterten auch hin und wieder die auf den Seitensteigen dahinwandelnden Spaziergänger oder äugten nach spätgekommenen Fischern, die noch arm an Beute waren.

„Was tun?" lautete die Frage. Sie hatten jeder eine Schnur Fische, die schwer niederhing. Wenn sie doch jemand kaufen möchte für bares Geld, schönes bares Geld, denn Geld ist die Hauptsache! Mit Geld – einem „Quarter"[1] – kann man sich ein Boot mieten und auf der kleinen Lagune im Park herumrudern, weil die Coppers[2] es solch kleinen Jungen hier draußen auf dem See doch nicht erlauben würden. Für Geld kann man sich einen großen Haufen Erdnüsse kaufen, davon essen soviel man will und den Rest an die Affen und andere Tiere im Zoo verfüttern. Für Geld kriegt man belegte Brötchen, Eisrahmsodas und noch andere feine Dinge.

„Auch Zigaretten – "

„Oh, halt's Maul, Ed Larkins!"

„Halt's Maul Joe Rieder – han? Hast du doch sonst schon manche geraucht!"

„Der Teufel ist bloß, daß meine Ma' es riecht, wenn sie mich küßt, und dann schilt sie mich und sagt, daß ich früh sterben muß, wenn ich so jung schon rauche."

„Ach, was deine Ma' alles sagt! Meine Ma' küßt mich erst nie, und da riecht sie 's auch nie. Wenn man immer drauf passen müßte, was eine Ma' oder ein Pa' sagt – hä hä hä – nicht wahr, Elmer?"

Elmer nickte und grinste.

[1] ¼ Dollar   [2] Spitzname für Polizisten

„Ach, deine Mutter ist überhaupt nichts wert!" rief Joe Rieder, heiß werdend, dem gleichaltrigen, aber viel kleineren, strohblonden Knirps zu. „Sag 's doch selber, Elmer Johnson, ihr wohnt ja im gleichen Haus! Die Larkins geht im Winter nachts aus zum Tanz, und Edie hockt auf der Straße und friert."

„Tu' ich? – Ha, tu' ich? – No, Sir, ins Kino geh ich dann!"

„Ja, wenn du Geld hast. Wenn du aber keins hast – wie oft schon hab ich dich in unsre Wohnung genommen und du hast bei uns was Warmes zu essen gekriegt!"

„Yes, das hab ich! Deine Mutter kocht diejenigen Dinger so schön – na, du weißt, Joe Rieder, – wie heißen sie doch gleich?"

„Du meinst die Krapfen?"

„Hast 's! Das sind die Beerchen, die ich liebe!"

„Aber nun kommt doch, Buben, laßt uns sehen, ob wir unsre Fische verkaufen können!" drängte Elmer, der das Gespräch ungeduldig angehört. „Ja, wo?"

„Pedeln[3] wir einmal das Ufer auf und ab. Vielleicht nimmt sie einer von den Anglern, die noch nicht viel gefangen haben."

Also hielten sie die Schnüre voller Fische hoch und setzten an zu einem Dauerlauf, das Ufer entlang.

„Frische Fische! Frische Fische! Wer kauft frische Fische? – Schöne Barsche, gerade aus dem See geholt und billig, oh, ganz billig!"

„He, Mister, du hast ja noch gar nichts gefangen! Deine Frau wird dich auslachen, wenn du nach Hause kommst! Hier, nimm meine Schnur, einen Quarter bloß zahlst du dafür."

„Einen Quarter, Bürschchen? Das ist viel zuviel Geld

[3] hausieren

für dich. Ich geb dir fünfzehn Cents." So rief der Mann dem kleinen Ed Larkins zu.

"Mister!" war die grinsend gegebene Erwiderung. "Seit fünf Uhr Morgens sitzen wir hier. Wir haben noch kein Frühstück gehabt, und für unsere leeren Mägen wären ein paar hot dogs[4] mit Senf gewiß etwas Schönes."

"Zwanzig Cents denn!" feilschte der Mann, ihn spitzbübisch von der Seite anblinzelnd.

"Wie soll sich einer an zwanzig Cents wohl sattessen, und nun sind uns unser Dreie! Sei doch vernünftig, Mister, hab ein Herz!"

"Du bist noch klein, aber schon ziemlich gewaschen, wie ich sehe", bemerkte der Mann lachend.

"O, ich wasche mich nicht so oft, meine Schullehrerin heißt mich sogar immer ein Dreckferkel."

"Da hat sie ganz recht. Ein ziemlich verwahrlostes Lümpchen bist du. Hier ist dein Quarter, marsch nun, daß du weiterkommst!"

Edie nahm das Silberstück und schlug dem Käufer als Extrazugabe noch geschwind einen Purzelbaum. Dann wandte er sich triumphierend an seine Kameraden:

"Na, was sagt ihr nun? Meine Fische sind verkauft, hä hä!"

"So verkauf ich meine auch wohl noch", meinte Joe Rieder, und er lief, gefolgt von Elmer, weiter.

"Frische Fische, frische Fische!"

Da war aber kein Fischer mehr, der sie kaufen wollte. So stellten die Knaben sich schließlich wieder am Rand der Straße auf, schwangen die verschiedene Pfunde schweren Schnüre und riefen den Automobilfahrern zu: "Hier, Gents[5] und Ladies, kauft uns unsere Fische ab, frisch aus dem See, o Gents, o Ladies!"

[4] *heiße Würstchen zwischen den Hälften einer Semmel.*
[5] *Abkürzung für „gentlemen" = meine Herren!*

Und wirklich hielt bald ein Auto an, ein ältlicher Herr beugte sich lächelnd zu den Knaben und fragte:

„Nun, wieviel wollt Ihr wohl für euren Fang?"

„Gibst du einen halben Dollar für meine Schnur?" frug Elmer schlau bescheiden.

„Einen halben Dollar, hm. Und du?" wandte er sich an Joe Rieder.

„Was du mir grad gerne geben willst."

„Nun, werden sehen. So setzt euch auf, ihr könnt, indessen ich mein Kleingeld zusammensuche, eine Freifahrt haben."

Eine Freifahrt in solch einem feinen Automobil! O Boys! – Die drei Mützen flogen hinein zu gleicher Zeit, die Buben nach, und los ging's – hui! Durch alle Straßen des Parks, um die inselbesetzte Lagune herum, vorbei am Zoo, am Museum, an all den vielen Denkmälern, über Brücken und Hochstraßen, um schließlich wieder da zu landen, wo sie eingestiegen waren.

„Hier hast du deinen halben Dollar – eh – Elmer – nicht wahr? Hier ist ein ganzer für dich – Joe Rieder, sagtest du, ist dein Name. Gib diesen deiner Mutter und sag ihr, es ist wegen der prächtigen Frisur, die sie dir wahrscheinlich vererbt hat."

Joe Rieder besaß nämlich ein schönes, dichtes Blondgelock, nicht hell, doch metallisch schimmernd, das er an diesem Morgen natürlich auch nicht durchgekämmt hatte.

„Und hier, du Schrimp[6], damit war Edie Larkins gemeint, „hast du einen Quarter für nichts!"

„Danke, danke, Sir!" Die Buben drehten ihre Mützen in den Händen, der Herr aber beugte sich, bevor

[6] engl. shrimp = Knirps.

er weiter fuhr, noch einmal zu Joe Rieder heraus und sagte:

„Hör', Joe, wenn ich dich wieder einmal treffe, kannst du immer noch eine Freifahrt haben." Und er sauste davon.

Vielleicht wäre Emerenz Meier – mit Unterstützung durch ihre „Agentin" Gusti Unertl – eine Fortsetzung ihrer Karriere als Schriftstellerin bzw. ein Wiederanknüpfen an ihre Erfolge ungefähr dreißig Jahre früher möglich geworden? Literarische Skizzen aus Amerika, verfasst von einer Deutschamerikanerin, hätten u. U. durchaus ihren Reiz haben und Interesse beim deutschen Lesepublikum hervorrufen können. Die hochfliegenden Pläne der Emerenz konnten aber nicht mehr verwirklicht werden, denn schon kurze Zeit nach dem letzten Brief an Gusti ging das bewegte Leben der Dichterin zu Ende.

Emerenz Meier bzw. Emma Lindgren starb am 28. Februar 1928 in Chicago, etwas mehr als 53 Jahre alt, ungefähr zwei Monate nach dem Tod ihrer Schwester Mary im Dezember 1927. Anna Gumminger, geb. Meier, die Schwester aus Kansas City/ Montana schrieb noch am Todestag der Emerenz an die Waldkirchner Freundin Gusti Unertl, nachdem sie von der Chicagoer Schwester Petronilla die traurige Nachricht per Telegramm erhalten hatte:

Februar 28. 1928

Werte Freundin!

*Obwohl Du erst einen traurigen Brief bekomen hast,
mit diesen folgt ein andrer, nämlich meine Schwester
Emerenz ist heute Mittags 11-30 Minuten verschieden,
wie mir meine Schwester geschrieben sie war zum er-
barmen. —
Ich bin sehr bange für ihren einzigen Sohn Joe, den
er hatte sie so lieb. Ist aber das Leben nicht traurig!
Ich wünschte blos er thäte zu mir herauf komen, aber
ich denke er will nicht, vielleicht hat er ein Mädchen
drunten. Senz war nicht katholisch, sie wird verbrent
werden, Donnerstag, ich werde aber Geld schicken für
Messen thut es ihr nicht gut soll es zu meinen andern
Angehörigen gehen. Ich kann nichts anderes thun. Ich
weiß ja Dir wird es ja auch zu Herzen gehen wo Ihr
immer so gute Freunde ward. Liebe Auguste ich möchte Dich diesesmal ein Gefallen ersuchen, nämlich ich
möchte ganz gerne ein Buch von Emerenz haben, was in
Königsberg in Verlag war bitte lasse mir wissen was eins
kostet jetzt. Ich möchte es für ein Andenken behalten.
Und noch etwas wir haben schon 28. Febr. u. haben
noch keine Anzeiger, vielleicht haben die die Adresse
verloren. Ich warte erst für einen Brief von Dir bevor
ich Geld schicke für alles auch samten für Briefmarken
was Du immer brauchen thust für mich. Ich werde nun
aufhören schreiben ich fühle nicht gut habe Kopfweh
nächstes mal mehr. Wie fühlst Du hoffentlich besser.
Schönen Gruß an Deinen Man tell im unsere Trubel.
Recht vielmals grüße Dich für heute Deine*

Freundin Anna.
Gumminger 2722 Holly Str.
Kansas City Mo.

Auf dem amtlichen Totenschein war, wie wiederum Paul Praxl eruiert hat, *„Chronic nephritis"* =
Chronische Nierenentzündung als Todesursache
vermerkt. Tatsächlich waren aber wohl einige andere Krankheiten dazugekommen, etwa Leberleiden,
Herzwassersucht u. a. Dem Wunsch der Verstorbenen (Brief vom 18.9.1925) gemäß, wurde sie feuer-
bestattet, was auch Anna Gumminger in ihrem Brief
vom 28.2.1928 bestätigt. Die Asche der Emerenz
Meier wurde von ihrem Sohn Joe über dem Grab
ihrer Eltern auf dem Graceland Friedhof Chicago
ausgestreut.

n 3. Oktober
hiefweg bei
n 28. Fe-
gestor-
heute
be-
ks-
r-
n

schen Wald
burger Lit
Schrattenth
haltend. D
den jur
Caros
nach
suc
sc
r

ie
s"
mt"
Eme-
:

wie viele

Erzählungen
iers: Wie da-
ieß sie 1906
die Heimat

(Foto: Stadtarchiv Waldkirchen)

In

Verge
ihrer He
Max Pein
über sie. 19
auch eine G
bensbild. S
Wohnhaus i

Nachwirkung und -„ruhm" in der Literaturland-schaft Bayern (1928–2008)

Anna Gummingers Ehemann, der Ende Mai 1928 zu einer Reise aus den USA nach Bayern aufbrach, nahm die Manuskripte der verstorbenen Schwägerin Emerenz nach Europa mit, um sie Gusti Unertl in Waldkirchen zu überbringen. *„Emerenz Schreiberei-en wird mein Man mitbringen"* lautete die entsprechende briefliche Anweisung der Schwester Anna Gumminger in ihrem Brief aus Kansas City vom 24. Mai 1928 an Gusti.

Und so geschah es auch. Nur einige wenige Schreibhefte der Dichterin blieben in den USA zurück, zunächst im Besitz des Emerenz-Sohnes Joe Schmoeller, danach der Emerenz-Enkelin Anne Marie Greenawalt, von der die Texte 1983 an die Staatliche Bibliothek Passau gingen, die Eigentümerin des literarischen Nachlasses der Emerenz Meier ist.

Gusti Unertl verbreitete die Nachricht vom Tode der Emerenz in ihrem Freundes- und Bekanntenkreis, zu dem auch Hans Carossa gehörte. Dieser antwortete Gusti am 16. März 1929 in einem Brief aus München:

„Die Nachricht vom Tode der Emerenz hat mir einen tüchtigen Schlag versetzt, einen um so fühlbareren, als ich weiß, daß sie seit unserem letzten Briefwechsel nicht ohne Groll an mich gedacht hat. Sie schrieb damals, während der Ruhrbesetzung, einen politischen Brief, der sogar auf mich sonst unpolitischen Menschen im Augenblick höchst aufreizend wirkte, indem sie nur den Proletariern Rettung wünschte, allen übrigen

Deutschen aber jedes Unheil anfluchte, und leider war ich töricht genug die tiefe Verbitterung zu übersehen, aus der jene Zeilen gekommen waren; kurz, ich schrieb scharf dagegen und habe nie wieder etwas von dem armen, unglücklichen Menschenkinde gehört. Vielleicht läßt mir das Schicksal Zeit, falls ich später zu meinen Jugenderinnerungen zurückkehre –, und ich kann ihr noch ein Denkmal aufstellen; Material hab ich genug, und Du hast wahrscheinlich mehr, als ich jemals auf meine Weise formen könnte. Sie war ein so urwüchsiges prachtvolles Wesen, – wäre sie halt doch im Vaterlande geblieben! Aber das ist ja alles nicht Wahl, sondern ehernes Geschick."

Gusti Unertl bewahrte also zunächst ab Frühsommer 1928 das dichterische Erbe ihrer verstorbenen Freundin und erinnerte in der Folgezeit mehrmals in kleinen Aufsätzen und Artikeln an Leben und Werk der Dichterin, zumeist in Zeitungen und Zeitschriften, z. B. in *„Durch Gäu und Wald"* und in den *„Heimatglocken"*, 1934 sogar im Rundfunk in einem Vortrag in der Sendereihe *„Stunde der Frau"*.

Der niederbayerische Heimatdichter Max Peinkofer, damals in Passau lebend und für den *„Grafenauer Anzeiger"*, der im Verlag Morsak Grafenau erschien, tätig, ordnete dann den literarischen Nachlass der Emerenz Meier im Hause Gusti Unertls in Waldkirchen und erhielt von dieser drei Hefte mit Gedichten der Emerenz als Geschenk, aus denen er 1954 aus Anlass des 80. Geburtstages der Emerenz eine kleine Auswahl veröffentlichte.

Als Hans Carossa in den 30-er Jahren des 20. Jahrhunderts an seinem Lebensbuch *„Das Jahr der* *schönen Täuschungen"* arbeitete, stellte Gusti Unertl ihm die gesamten Papiere der Emerenz zur Einsicht zur Verfügung, so dass Carossa durch die Begegnung mit dem Quellenmaterial zur Abfassung des Kapitels *„Die Wanderschaft"* angeregt wurde. Dieser Text Hans Carossas wurde – wie schon weiter oben erwähnt – zum Schlusskapitel seines Buches *„Das Jahr der schönen Täuschungen"*, das 1941 im Insel-Verlag Leipzig erschienen ist.

Nach dem Tod Gusti Unertls am 14. Mai 1941 übernahm Max Peinkofer dann mehr und mehr – vor allem nach seiner Haftentlassung aus der Gefangenenanstalt in Landsberg am Lech und der Ansiedlung in Bischofsmais – die Rolle des literarischen Nachlassverwalters der Emerenz Meier. Er plante 1942 – zusammen mit Franz Ehrenwirth vom Michael-Beckstein-Verlag in München – eine Emerenz-Meier-Werkausgabe der Erzählungen und Gedichte zu veröffentlichen, zu der Hans Carossa als Verfasser für ein Geleitwort gewonnen werden sollte.

Im Jahr darauf schlug Peinkofer dreißig z. T. gedruckte und z. T. ungedruckte Gedichte zur Aufnahme in eine solche Buchausgabe vor, bemühte sich aber in der Folgezeit auch noch darum, den durch den Tod Gusti Unertls verstreuten literarischen Nachlass der Emerenz wieder zusammenzuführen. Infolge der Kriegs- und Nachkriegswirren gelang das aber erst im Jahre 1948. Der Plan einer größeren Emerenz-Meier-Ausgabe war aber in dieser unruhigen Zeit – unmittelbar nach der Währungsreform und vor der Gründung der Bundesrepublik Deutschland – nicht mehr zu verwirklichen.

Erst 1954 konnte Max Peinkofer in größerem Rahmen etwas für die Nachwirkung von Emerenz Meier tun. In der *„Neue-Presse-Verlags-Gesellschaft m.b.H."* erschien in diesem Jahr eine von Peinkofer besorgte Gedichtauswahl der Emerenz, bei der der Herausgeber mitunter Überschriften veränderte bzw. selbst formulierte und überhaupt des Öfteren Eingriffe in die ursprüngliche Textgestalt vornahm. Das schmale Heftchen umfasste 61 Seiten und enthielt ein Lebensbild der Dichterin aus der Feder Peinkofers und insgesamt zwanzig ihrer Gedichte in folgender Anordnung:

- *Mein Wald – mein Leben*
- *Mir hat geträumt*
- *Scheiden im Herbst*
- *Im toten Herbst*
- *Abschied*
- *Zwischen Wachen und Schlafen*
- *Gute Nacht!*
- *Peter I*
- *Peter II*
- *Der Wasservogel*
- *Spinnabend*
- *Der Säumer*
- *Wödaschwüln*
- *Väterliche Ermahnung*
- *Wilde Balsaminen*
- *Unverbesserlich*
- *Mißgeschick*
- *Stoßseufzer*
- *An Auguste Unertl*
- *Widmung*

An der von Max Peinkofer getroffenen Auswahl bemerkt man, dass er nicht die politische und gesellschaftskritische Lyrikerin vorstellen wollte, sondern eigentlich nur das Werk der Heimat- und Walddichterin für die Nachwelt zu bewahren suchte. Auch das von ihm verfasste Lebensbild ist dem Zeitgeschmack der 50er-Jahre verpflichtet und blendet an Leben und Werk aus, was nach seiner Ansicht nicht in die Zeit passte.

Den köstlichen „*Stoßseufzer*" der Emerenz und ihre unvergleichlich mitreißende und packende „*Wödaschwüln*" wollte und konnte Peinkofer den Lesern seiner Sparausgabe dann aber doch nicht vorenthalten. Verlag und Herausgeber widmeten sie „*Dem Jugendfreund der Dichterin HANS CAROSSA zum fünfundsiebzigsten Geburtstag [...] in tiefer Verehrung.*"

Die Widmung des Heftchens war somit ein nachträgliches Geschenk zu Carossas 75. Geburtstag, der allerdings schon am 15.12.1953 gefeiert worden war. Sie dürfte aber Carossa dennoch gefreut und ihm noch „*mehr Wesenhaftes*" (Brief H. Carossas an Hedwig Kerber vom 7.8.1939) an der toten Freundin vermittelt haben.

Angeschlossen werden im Folgenden die Gedichte der Peinkofer-Auswahl von 1954, mit Ausnahme der Texte (*Peter I, Peter II, Spinnabend, Unverbesserlich, Mißgeschick, An Auguste Unertl bzw. richtig: An Auguste*), die in diesem Lesebuch bereits oben abgedruckt wurden.

Mein Wald, mein Leben

Ich sah den Wald im Sonnenglanz,
Vom Abendrot beleuchtet,
Belebt von düstrer Nebel Tanz,
Vom Morgentau befeuchtet;
Stets blieb er ernst, stets blieb er schön,
Und stets mußt' ich ihn lieben,
Die Freud' an ihm bleibt mir bestehn,
Die andern all zerstieben.

Ich sah den Wald im Sturmgebraus,
Vom Winter tief umnachtet,
Die Tannen sein in wirrem Graus
Vom Nord dahingeschlachtet.
Und lieben mußt' ich ihn noch mehr,
Ihn meiden konnt' ich nimmer.
Schön ist er, düsterschön und hehr,
Und Heimat bleibt er immer.

Ich sah mit hellen Augen ihn
Und auch mit tränenvollen.
Bald hob er meinen frohen Sinn,
Bald sänftigt' er mein Grollen.
In Sommersglut, in Winterfrost, —
Konnt er mir mehr nicht geben, —
So gab er meinem Herzen Trost;
Darum: Mein Wald, mein Leben!

Mir hat geträumt

Fern sah ich, was ich lang ersehnte,
Sah einen Wald mit Rot besäumt,

Der nach der dunklen Au sich dehnte,
Dabei ein Bild, – mir hat geträumt.
Ich sah ein Bild, – mir hat geträumt.

Gott gab an Freuden wie an Schmerzen
Dem einen viel, dem andern mehr.
Gott schuf wohl groß und kleine Herzen,
Und eins, wie keines sonst so schwer;
Das meine, wie sonst keines mehr.

Ein zweites, heißes, wie das meine,
Vergebens such ich 's fern und nah;
Doch ob die Welt auch leer mir scheine,
Im Traume hört' ich: Es ist da.
Es träumte mir, daß ich es sah.

Fern sah ich, was ich lang ersehnte,
Sah einen Wald, mit Rot besäumt,
Der nah der dunklen Au sich dehnte,
Dabei ein Bild, – mir hat geträumt.
Ich sah ein Bild, – mir hat geträumt.

Scheiden im Herbst

Der Sommer schied, die Au ward kahl
Und alles Schönen bar.
Nun reichst auch du mit einem Mal
Die Hand mir scheidend dar.

Hab' oft zum Troste mir gedacht:
Erstirbt die grüne Welt,
Ist 's trotzdem immer noch nicht Nacht,
Solange er nicht fehlt.

Jetzt dunkelt es und zagend schau
Ich vorwärts und zurück:
Kein Blümlein mehr, kein Himmelblau,
Kein Hoffen und kein Glück.

Das harte Muß gönnt keine Frist,
Ich wünsche es nicht mehr.
Gott hilf mir, ach, im Herbste ist
Das Scheiden doppelt schwer.

Im toten Herbst

Der Summa hat kaum einag'schaut
in unsern stillen Wald,
Aft hat schon über d' Haberhälm'
Der Wind herg'waht so kalt.

Die Wälder waren gelb und rot,
Und über Berg und Au
Hat sich a schwerer Nebel g'legt,
Wie Tücher um an Trauh.[1]

O Schatzlein, fürchtest du den Herbst,
Den kalten Herbst bei mir,
Aft such' dir einen Summa nur,
Ich gönne gern' ihn dir.

Wohl brennt der Summa tief noch drinn,
Wo 's Herz so heftig schlagt.
Das is die Liab, i schweig davon,
Hab 's noch koan Mensch'n g'sagt.

[1]Sarg

Der Freithof is gar groß und leer,
Das woaßt du gut, mein Schatz.
Mei Leib kimmt in a Grüaberl nei, –
Hat auch die Lieb' drinn Platz? –

Abschied

Im Hollerbusch ein Vöglein sang
So wundersüß und rein.
Ich horchte stille, horcht' ihm lang,
Da flog es querfeldein.

Mit andern zog es übers Meer
Dem Sommerlande zu.
Ich dachte mir: Was willst du mehr?
So scheide nun auch du.

Von Lieb und Glück hab' ich geträumt,
Es war ein schöner Traum.
Er währte, bis mit Gold umsäumt
Und rot ward Strauch und Baum.

Ade nun Leben, Liebe, Glück!
Ade, ich geh zur Ruh.
Schon fliegt die Seele, strebt der Blick
Dem Sommerlande zu.

Zwischen Wachen und Schlafen

Aus leichtem Traum war ich erwacht, –
Der Mondschein blinkte nieder;

Die Burschen sangen durch die Nacht
Die alten, weichen Lieder.

Der nahe Wald barg rauschend sich
In neblige Gewande –
Und wieder fand ich träumend mich
Im stillen Schlummerlande.

Gute Nacht

Gute Nacht, gute Nacht, die Glocke klingt, –
Schlaf wohl und träume schön.
Im Gebüsch am Hang die Grille singt
Und die Burschen auf den Höhn.

Gute Nacht, – wenn du träumst, so sei 's von mir,
Mein Herz, doch Liebes nur!
Gute Nacht, im Traum begegn' ich dir,
Leicht find ich deine Spur.

Gute Nacht, gute Nacht, auf Wiedersehn!
Im Traume suche mich.
O möchte dir Wacht ein Engel stehn!
Mein Herz, Gott segne dich!

Der Wasservogel

Des Waldes Rauschen fort und fort
Zu stillen Dörfern drang.

Im Mondenschein von Ort zu Ort
Der Wasservogel sang.

Nicht kam er aus dem stillen Ried,
Nicht flog er Vögeln gleich,
Doch klang der Pfingstnacht hehres Lied
Ihm aus der Kehle weich.

Vielstimmig sang er, laut und leis
Von Himmel, Gott und Welt,
Des Bauern Lob, des Bauern Preis,
Und was dem Weib gefällt.

Er sang von Haus und Welt und Gott,
Er sang von Lieb und Lust,
Der Mädchen Wohl, den Mädchen Spott
Aus frohbewegter Brust.

Da lauschte, was nur Ohr besaß,
Von hohem Schrot und Dach.
Der ält'ste Greis den Schlaf vergaß,
Das jüngste Kind blieb wach.

Und zog er hier und dort davon
Mit hergebrachtem Gruß,
Er ging nicht ohne guten Lohn
Und ohne Wasserguß.

Und als der Morgen stieg herauf,
War aus der Lieder Reim;
Da flog, pfingstfreudenvoll, zuhauf
Der Wasservogel heim.

Der Säumer

Der Säumer zieht auf dunklem Pfad
Durchs Waldgebirge hin,
Da kommt ihm wie von ungefähr
Sein Mädchen in den Sinn.
„O wäre doch, du gutes Pferd,
Was dich belastet, mein!
Ich kaufte Böhmens Königskron
Und gäb 's dem Mägdelein."

Und wie mit leichtem Jugendmut
Er lenket heimatwärts,
Da singt er manches frohe Lied
Und drückt die Hand aufs Herz.
Ein seidnes Tüchlein birgt er dort,
Gestickt mit rotem Gold.
Es ist ein herrlich Angebind
Fürs Mädchen, fein und hold.

Da fliegt ein Reiter von der Burg.
„Du junger Säumerknab,
Mir Sattel, Pferd und all dein Geld,
Dir kalten Dolch und Grab!"
Der Säumer sinkt, ruft sterbend aus:
„All, was ich hab', ist dein,
Doch unterm Wams ein blutig Tuch
Bring meinem Mägdelein!"

Dem Ritter läßt dies Wort nicht Ruh,
Nachschallt 's ihm aus dem Grab.
Er sucht des Säumers arme Maid

Das Waldland auf und ab.
Vergebens fragt er früh und spät
An hoch und niedrer Tür,
Und wie er heimkommt, tritt so bleich
Sein Töchterlein herfür.

„Was irrst du in der weiten Welt,
Läßt mich allein zu Haus?
Was suchest du des Säumers Lieb?
Gib mir das Tuch heraus!
Wie schön schmückt es die Totenbraut,
Das Blut auf seid'nem Schnee!
Ich suche nun den Bräutigam,
Mein Vater, mir. – Ade!"

Wödschwüln

Mi würgt der Wind, mi druckt der Tag –
Hü, meine Öchsl, hü!
Schwül wirds, es kimmt a Wödaschlag.
Hü, meine Ochsl, hü!
Der Acker hat an hirtn Bodn,
Der Mähnt koan Gang, der Pfluag an Schodn –
Hü, meine Ochsl, hü!

Mi würgt der Wind, mi brennt der Tag!
Hott, meine Öchsl, hott!
Und daß mi 's Mensch iatzt nimmer mag? –
Hott, meine Öchsl, hott!
Es hat – i moan – sein guatn Grund,
Und wann i 'hn net derstich, den Hund,

Den schlechtn, straf mi Gott!

Mei Mensch is schö, drum gfallts eahm guat.
Wüah, meine Öchsl, wüah!
A Messer und fünf Stich gibt Bluat.
Wüah, meine Öchsl, wüah!
Zua bis aufs Heft und ummadraht,
Verfluchter Lump, wia wohl dös taat!
Wüah, meine Öchsl, wüah!

Und bist so schö, du schwarze Dirn,
Zauf, meine Öchsl, zauf!
Und hast so krauste Haar ums Hirn,
Zauf, meine Öchsl, zauf!
Und lachst so süaß und schaust so fei,
Und kannst so falsch und elend sei!
Zauf, meine Öchsl, zauf!

Mi würgt der Wind, mi brennt der Tag!
Aoh, meine Öchsl, aoh!
Muaß 's sein, daß i dös ewi trag?
Aoah, meine Öchsln, aoh!
Der Dunner kracht, es blitzt und brennt,
Schlag, Herrgott, ein und mach an End! –
Aoh, meine Öchsl, aoh!

Väterliche Ermahnung

Mein Sohn, und wenn ich sterbe,
Dann erbst du Geld und Haus
Und suchest dir zum Weibe
Das schönste Mädchen aus.

Mein Sohn, und wenn ich liege
Vermodert längst im Grab,
Dann jagst durch deine Gurgel
Du Geld und Haus hinab.

Mein Sohn, und das ist bitter.
Für was hätt' ich gespart
Und meinen alten Magen
Mit Wasser nur genarrt?

Mein Sohn, und laß dir sagen,
Ein Glück, daß ich noch bin
Und selbst mein Teil kann tragen
Zur Hirschenwirtin hin!

Wilde Balsaminen

Wilde Balsaminen blühen
Tief im Wald an kühlem Ort;
Wenn, berührt, die Früchte sprühen,
Haucht der West den Samen fort.

Herz, du gleichst den Balsaminen:
Erst wenn Leid dich rauh berührt,
Regen Lieder tief sich drinnen,
Die, befreit, der Wind entführt.

Stoßseufzer

Hätte Goethe Suppen schmalzen,
Klöße salzen,
Schiller Pfannen waschen müssen,

Heine nähn, was er verrissen,
Stuben scheuern, Wanzen morden,
Ach die Herren,
Alle wären
Keine großen Dichter worden.

Widmung

Bleibt auch mancher stille Wunsch hienieden
Unerfüllt dir, zürn dem Himmel nicht!
Für versagte Freuden gibt er Frieden,
Für der Sonne Glanz der Sterne Licht.

Ungeblendet kann dein Aug sich freuen
An dem milden, träumerischen Schein.
Jeder Abend wird ihn dir erneuen.
Besser ists, als glücklich gut zu sein!

Im Jahr darauf, 1955, wurde zum ersten Mal auch an der Fassade eines Gebäudes, das mit Emerenz Meiers Leben in Zusammenhang stand, öffentlich auf sie hingewiesen. Am Haus ihrer Eltern in Oberndorf, in dem Emerenz ab 1891 gelebt hatte und ihr eigenes Dichterstüberl besaß, enthüllte man am 09.10.1955 eine Gedenktafel mit folgender Aufschrift:

„In diesem Haus verlebte einen Teil ihrer Jugend die Volksdichterin Emerenz Meier geboren am 3. Okt. 1874 zu Schiefweg gestorben am 28. Febr. 1928 zu Chikago – 1955 – "

Die Errichtung der Gedenktafel, bei deren Einweihung Max Peinkofer sprach und der junge Paul

Praxl zugegen war, ist das Verdienst des damaligen Bürgermeisters Max Brunner gewesen, der sich auch später immer wieder dem dichterischen Schaffen der Bayerwalddichterin verpflichtet wusste.

Die Stadt Waldkirchen folgte 1974 zum 100. Geburtstag der Emerenz mit einer Bronzetafel am Geburtshaus in Schiefweg. Bürgermeister Heinrich Schmidhuber enthüllte am 3. Oktober 1974 dieses Erinnerungszeichen. Neben einer reliefartigen Darstellung der Kopfpartie der Dichterin enthält die Tafel die Inschrift: *„Geburtshaus der Heimatdichterin Emerenz Meier * 3.10.1874 † 28.2.1928 in Chikago."*

Zum 100. Geburtstag von Emerenz Meier 1974 erschien – wie im Vorwort ausgeführt – im Grafenauer Morsak Verlag eine kleine Werkausgabe, die den Wissens- und Forschungsstand einschließlich der 50er-Jahre des 20. Jahrhunderts, also im wesentlichen die Beiträge von Gusti Unertl, Hans Carossa und Max Peinkofer, repräsentierte.

Erst zu Beginn der 80er-Jahre des 20. Jahrhunderts wurde dann die andere, bisher wenig bekannte politisch-kritische Seite der Emerenz aufgearbeitet, sieht man von Carossas Hinweis auf die *„sanfte Rebellin"* von 1941 einmal ab. Es war dies das Verdienst von Joseph Berlinger.

Der junge Schriftsteller aus dem Bayerischen Wald veröffentlichte 1980 im berühmten Verlag Friedl Brehm in Feldafing sein Buch:

„Emerenz. Szenen, Briefe, Gedichte. Aus dem Leben der bayerischen Dichterin, Wirtin und Emigrantin Emerenz Meier."

Das Buch enthielt zum ersten Mal auch einige der bisher ungedruckt gebliebenen, sozialkritischen Gedichte der Emerenz (z. B. *„Geld“*, *„An Wilson“*, *„Verlassen“*, *„Lied aus dem Elend“*, *„Stoßseufzer“*) sowie einige ihrer Briefe aus Amerika bzw. Auszüge daraus. Seit der Veröffentlichung dieses Buches ist ein neuer Abschnitt in der Emerenz-Meier-Rezeption eröffnet worden, der bis in die Gegenwart andauert.

Eine unmittelbare Folge von Berlingers Buch war ein vielbeachtetes Theaterstück über die Emerenz, das auf Berlingers Veröffentlichung beruhte und bei dessen Uraufführung 1981 in Ingolstadt die junge Schauspielerin Lisa Fitz die Titelrolle verkörperte.

Berlingers Buch und das Theaterstück führten dazu, dass sich auch die modernen Medien des Films und des Fernsehens für Emerenz Meier interessierten (1986 *„Ein Leben in den Wäldern“* von Erich Reißig, BR; 1987 *„Schiefweg“* von Jo Baier, BR; 1991 *„Wildfeuer“* von Jo Baier, Kinofilm und Buch); dabei stand vor allem die Person der Emerenz im Mittelpunkt, deren Leben in einer Mischung von Dichtung und Wahrheit nachgezeichnet wurde.

Nach der zweibändigen Werkausgabe 1991 im Morsak Verlag erschienen mehrere wissenschaftliche Abhandlungen über Emerenz Meier (z. B. von Joseph Berlinger, Hans Göttler, Jürgen Gutsch, Florian Jung, Michaela Karl, Paul Praxl, Bernhard Setzwein, Helmut Wagner, Christopher J. Wickham, Cornelia Zetzsche).

Ausstellungen, Vertonungen ihrer Gedichte (Elmar Raida, Monika Drasch) und szenische Lesungen (Dagmar Aigner, Barbara Dorsch, Gerlinde

Feicht, Monika Manz) bereicherten die Rezeption dieser außergewöhnlichen Dichterin ebenso wie die Eröffnung ihres Geburtshauses als Wirtshaus und Museum 1997 durch den rührigen Emerenz-Meier-Hausverein in Schiefweg/Stadt Waldkirchen und der BR-Fernsehfilm von Klaus Ickert 2007 in der Reihe *„Die großen Bayern"*.

Es gibt inzwischen außerdem Emerenz-Meier-Straßen und -wege in ganz Bayern sowie einen „Emerenz-Meier-Saal" in der Stadthalle von Germering; auch die Hauptschule in Waldkirchen trägt seit 2006 ihren Namen.

. All das sind verdiente, sehr vielseitige Hinweise auf die Bedeutung der Emerenz, über die man sich freuen kann. Nur den Sprung als Büste in die Ruhmeshalle in München hinter der Bavaria hat sie noch nicht geschafft. Zum Internationalen Frauentag im März 1999 hatten die bayerischen „Grünen" dies vorgeschlagen und ihren Namen mit vierzehn anderen Kandidatinnen (z. B.: Sophie Scholl, Prinzessin Therese von Bayern, Carry Brachvogel, Anita Augspurg, Bertha Kipfmüller und Amalie Noether) genannt. Die Büste von Sophie Scholl steht inzwischen verdientermaßen dort, wo die Männer aber immer noch die Überzahl darstellen. Emerenz wird wohl noch etwas warten müssen – und selber auch noch gerne warten wollen, getreu ihrem Lebensmotto, ausgedrückt im lyrischen Text *„Zu …'s Leichenfeier"*:

Wozu soviel Ehren dem toten Mann? –
Hättet ihr sie bei Lebzeit ihm angetan,

Statt ihn zu befehden und zu hassen!
Doch da hat's euer Neid nicht zugelassen!

Aber: man sollte bei Emerenz vielleicht doch nicht so lange mit dem Platz in der Ruhmeshalle warten, wie z. B. im Fall des von ihr so hochgeschätzten Heinrich Heine, der jetzt – mehr als 150 Jahre nach seinem Tod in Paris – endlich mit seinem längst fälligen Einzug in den Tempel der Ehren rechnen kann. Heinrich Heine würde sich sicher sehr auf Emerenz Meier als Büste freuen, schließlich war sie eine begeisterte Leserin seiner Lyrik und hat in Anlehnung an sein Gedicht „*Autodafé*" aus seinem „*Romanzero*" von 1851 auch folgenden Text „*Dem Freunde. II. (Frei nach Heine)*" geschrieben:

Und dann laß dir Veilchen bringen, –
Meine Blumen, – weiße Rosen,
Rote Knospen, die bald springen,
Nelken und Vergißmeinnicht.

Denn ich will dich schön bekränzen
Und du sollst dich herrlich freuen,
Alle Vögel müssen singen,
Alle Lüfte rauschen froh.

Doch du schüttelst halb geärgert,
Halb belustigt, unzufrieden
Über alle meine Freude,
Spöttisch schüttelst du den Kopf.

Und ich kann zusammenpacken
Mit Vergißmeinnicht und Veilchen
Mit den holden weißen Rosen –
Freund, der Teufel hole dich!

Bronzestatue der Emerenz Meier, gestaltet von
Christine Wagner aus Malching-Biberg am Inn

Nachwort

Und ... – kommt da noch was nach?

Nun, der Einzug der Emerenz Meier in die Münchener Ruhmeshalle dürfte noch etwas dauern, aber das nächste Emerenz-Denkmal kommt bestimmt! „SOROPTIMIST INTERNATIONAL – Deutsche Union – Club Passau" – eine internationale Frauenvereinigung – plant für das Jahr 2008, der vor 80 Jahren in Chicago verstorbenen Emerenz in Passau ein Erinnerungsdenkmal zu errichten.

Die niederbayerische Bildhauerin Christine Wagner aus Malching-Biberg am Inn hat im Auftrag der „Soroptimistinnen" eine Bronzestatue der Emerenz Meier geschaffen, die diese nun in der Nähe ihres ehemaligen Wirtshauses, der Schifferkneipe *Zum Koppenjäger*, am Passauer Donaukai aufstellen wollen. Der Standort ist ganz bewusst ausgewählt: er repräsentiert eine Schnittstelle im Leben der Emerenz, mit dem Blick zurück in den Bayerischen Wald, zu den Wurzeln ihrer Herkunft, aber auch mit dem Blick hinein in die Zukunft, die sie 1906 per Schiff nach Amerika geführt hat – ohne Wiederkehr! Nach der Errichtung des Denkmals soll die Statue der Emerenz an der Schiffsanlegestelle die Reisenden begrüßen und verabschieden, eine hervorragende Idee zur Würdigung der künstlerischen und emanzipatorischen Lebensleistung dieser Frau, die zeit ihres Lebens das Reisen, vor allem in die Welt der Gedanken, Utopien und Literaturen, also zu neuen und bisher unbekannten

Ufern, für sich als existentielle Möglichkeit vorsah und erfuhr.

Man darf gespannt sein, wie schnell das Projekt „*Emerenz-kehrt-heim!*" verwirklicht werden kann, d.h. vor allem, wie rasch die notwendigen Finanzmittel als Spenden dazu aufgebracht werden können. (Vorsorglich nenne ich schon gleich das entsprechende Konto: Soroptimist International – Deutsche Union – Club Passau, Sparkasse Passau, BLZ 740 500 00, Konto-Nr. 120018379, Stichwort: Projekt Emerenz Meier.)

Auf dem Hoheitsgebiet der Stadt Passau, die im Leben der Emerenz eine bedeutende Rolle spielte, ist die Bronzestatue der zweite Erinnerungsort an die dichtende Passauer Gastwirtin der Jahre 1902/03 nach der Gedenktafel, die seit 1980 am heutigen Anwesen Bräugasse 21 angebracht ist, dem Haus, in dem sich früher die Gaststätte „*Zum Koppenjäger*" befunden hatte.

Während der öffentlichen Diskussion um das Passauer Emerenz-Meier-Denkmal im Herbst 2007 tauchten dann auch – wie schon erwähnt – die altbekannten Vorwürfe wieder auf, Emerenz sei doch ein „*Flittchen*", eine „*Schnalle*", eine „*Hure*" gewesen, die Schulden hinterlassen habe und der deswegen doch kein Denkmal errichtet werden könnte. Als Emerenz-Herausgeber haben mich diese haltlosen und unbewiesenen Vorwürfe natürlich auf den Plan rufen müssen, sie haben mich aber eher amüsiert, da ich bis dahin immer der Meinung war, das Mittelalter bzw. noch dunklere Epochen der Doppelmoral seien auch im Raum Passau längst vorbei. So konnte ich im Alter von jenseits der 50 wieder dazu lernen.

Ich möchte meine Haltung noch einmal kurz zusammenfassen: Nach allem, was wir zu Beginn des Jahres 2008 über Emerenz wissen, war sie keine Hure, keine Dirne, keine Prostituierte. Es gab und es gibt keine Belege und Beweise für diese immer wieder auftauchenden Vorwürfe.

Wäre Emerenz wirklich eine Hure gewesen, würde mich das auch in keiner Weise stören oder mich zu ihr auf Distanz gehen lassen. Für mich zählt allein ihre Lebensleistung als Dichterin, als emanzipierte Frau und Künstlerin, die um 1900 schon sehr modern dachte und lebte und anderen, auch den Passauern, einen Spiegel vorhielt. Dafür soll sie und wird sie ein Denkmal bekommen, nicht für etwaige andere Dienste an der Menschheit.

Im übrigen: Gab es da nicht einmal einen Jesus, der auch mit Sünderinnen Umgang pflegte? Das christliche Passau möge diese Tatsache nicht ausblenden im tagtäglichen Leben und vielmehr froh und dankbar sein, dass es dieses Prachtweib Emerenz Meier gab und es eine geraume Zeit innerhalb der Mauern dieser Stadt lebte; und dass es Frauen gibt, die an diese leidenschaftlich-kämpferische und zugleich sanft-verträumte Geschlechtsgenossin von einst erinnern wollen.

„Ich halte zu ihr!" So lautet die Kurzfassung meiner ganz persönlichen Einstellung zu Emerenz Meier. Und ich hoffe und wünsche mir, dass die Zahl der Menschen, die zu Emerenz Meier halten, auch in Zukunft noch ansteigen wird.

Und was kommt noch in Sachen Emerenz? Seit der Veröffentlichung der zweibändigen *„Gesammelten Werke"* 1991 ist die Emerenz-Meier-Forschung ein wesentliches Stück vorangekommen. Es sind inzwischen viele neue Briefe der Emerenz aufgetaucht, die neue Facetten der jungen Bayerwalddichterin aufzeigen. Dazu kam die Entdeckung ihrer frühen Geschichten, die wir dem unermüdlichen Suchen Paul Praxls zu verdanken haben.

Im Sommer 2008 wird Joseph Berlingers neues Theaterstück über die Emerenz auf dem Spielplan der „Europäischen Wochen" stehen und im Eggenfeldener „Theater an der Rott" uraufgeführt werden. Und für den 3. Oktober 2009, den 135. Geburtstag der Emerenz Meier, habe ich „meiner" Dichterin ins Jenseits hinüber hoch und heilig versprochen, endlich die große neue Buchausgabe aller ihrer Texte im Morsak Verlag, Grafenau, zu präsentieren.

Heute aber, am 23. Januar, an dem im Turmschreiberkalender 2008 der Name *„Emerentia"* als Tagesheilige verzeichnet ist, danke ich allen Finanz-, Ideen- und Ratgebern, die für das Erscheinen dieses Buches zum 80. Todestag der Emerenz Meier letztendlich – außer mir – verantwortlich sind!

– Ich danke dem Verleger Herrn Burkhart Cording, dass er in den letzten Monaten an meiner niederbayerischen Sturschädeligkeit, die eine deutliche Verwandtschaft mit einem hervorstechenden Wesenszug der Emerenz aufweist, nicht gänzlich verzweifelt ist, sondern Emerenz Meier und meinem Buch in seinem Morsak-Verlag eine so schöne und sichere Heimat gewährt.

– Ich danke dem „Club Passau" der Frauenvereinigung „SOROPTIMIST INTERNATIONAL"
für die Idee zum „Emerenz-kehrt-heim"-Denkmal-
projekt 2008 in Passau, wodurch auch meine Idee
dieses *„Emerenz-Meier-Lesebuchs"* angestoßen und
vorangebracht wurde.

– Ich danke – stellvertretend für alle Ratgeber in
Sachen Emerenz Meier – aber vor allem ganz beson-
ders Herrn Kreis- und Stadtarchivar i. R. Paul Praxl,
Waldkirchen. Ohne seine Kompetenz, sein Wissen,
seinen Fleiß und seine Gewissenhaftigkeit wäre die
Emerenz-Meier-Forschung heute auf keinem so
guten Stand. Ich widme ihm dieses Buch in hoher
Wertschätzung und herzlicher Dankbarkeit.

Osterholzen, am „Emerentia"-Tag,
d. h. am 23. Januar 2008

Hans Göttler

Nachweis der Texte und Bilder

Alle Zitate aus dem Werk von Emerenz Meier sind kursiv gesetzt, ebenso Textzitate von anderen Autorinnen und Autoren. Die Texte von Emerenz Meier folgen – sofern sie bereits veröffentlicht sind – den Buchausgaben *Emerenz Meier, Aus dem bayerischen Wald, hrsg. von Hans Bleibrunner und Alfred Fuchs, Grafenau, Morsak, 1974* bzw. *Emerenz Meier, Gesammelte Werke, hrsg. von Hans Göttler, 2 Bände, Grafenau, Morsak, 1991.*

Bisher unveröffentlichte Texte von bzw. über Emerenz Meier folgen den Originalvorlagen, die vom Stadtarchiv Waldkirchen und Paul Praxl dankenswerterweise zur Verfügung gestellt wurden.

Für die freundliche Erlaubnis, Textzitate und mehrere Briefe Hans Carossas abdrucken zu dürfen, danken Autor und Verlag Frau Dr. h.c. Eva Kampmann-Carossa, Passau-Rittsteig, ganz herzlich.

Fotografien und sonstige Illustrationen stammen aus den unterschiedlichsten Quellen. Autor und Verlag danken Frau Bildhauerin Christine Wagner (Malching am Inn), Herrn Paul Praxl (Waldkirchen) sowie der Staatl. Bibliothek Passau, dem Emerenz-Meier-Haus-Verein e.V. (Schiefweg/Waldkirchen) und dem Stadtarchiv Waldkirchen.